先生、宗教について ゼロから 教えてください

中村圭志
Nakamura Keishi

マイナビ

◆本文中には、™、©、®などのマークは明記しておりません。
◆本書に掲載されている会社名、製品名は、各社の登録商標または商標です。
◆本書によって生じたいかなる損害につきましても、著者ならびに（株）マイナビ出版は責任を負いかねますので、あらかじめご了承ください。
◆本書の内容は2024年6月末現在のものです。
◆文中敬称略。
◆本書は2020年2月発売の『教養として学んでおきたい5大宗教』（マイナビ新書）を元に、大幅な加筆・修正を行ったものです。

はじめに

大学や市民講座、企業研修などでレクチャーをしていますと、「**信仰したいわけではないが、宗教について学びたい**」という声をたくさん耳にします。またマスコミやネット上で「**宗教オンチでは世界のココロはつかめない**。日本人よ、もっと宗教を学べ」という啓蒙的な意見もたくさん目にするようになりました。

しかし、ビジネス系情報誌などの指南を読んで、「イスラム世界では握手のような挨拶の場面でも異性との接触は望ましくないんだな」とか、「ヒンドゥー社会では牛肉を食べるのはタブーなんだな」とか、珍しげな習慣や教えをチェックしていくだけでは、いつまでたっても宗教の表層をなぞっているままです。

そこで、各宗教の教えについての入門書をひもとくことになりますが、多くは信仰に共鳴的な立場で書かれているので、ありがたい訓戒と難しい神学の連続となって、難易度が上がってしまいます。

しかも、宗教のありがたい教えと、中世の魔女裁判から現代の過激派のテロまでのありがたくない現実との論理関係が今一つ分からないといった、隔靴掻痒《かっかそうよう》（靴の上からかゆいところを掻く）状態から抜け出られないかもしれません。どうにかならないものでしょうか？

本書はこうしたジレンマを回避しつつ、**宗教のもつさまざまな顔を理解していくための手軽なガイド**として企画されました。類書よりもコンパクトで、説明が簡明である一方で、おそらく類書よりも内容が包括的です。

それは、余計なことをあまりごちゃごちゃ書いていないからです。宗教の世界はたくさんの固有名詞や特殊な用語にあふれていますし、歴史的な出来事や事件もたくさんあります。類書はそういうものを書き並べる傾向があります。しかし、一般教養としては知らなくていいような情報も多いのです。それをなるべく省きました（もちろんキーとなる情報は残しています）。

また、宗教家が重みをつけて説いていることについて「要するにどういうことか」をシンプルに説明するようにしました。人類の歴史の中での宗教の位置づけを相対化して考えて、論点を簡略に示すことはいつでも可能です。それはさまざまな宗教を常に比較して考えるということでもあります。

本書は比較宗教学の立場からの宗教ガイド、また、ホンネに切り込んだ宗教論です。たぶん、どんなキリスト教の解説よりもキリスト教が分かりやすく、どんな仏教の解説よりも仏教が分かりやすく示せたと思います。もちろん、イスラム教や現代宗教などについても同様です。

本書では、地理や系譜を考慮した順番に従って、**ユダヤ教**、**キリスト教**、**イスラム教**、**ヒンドゥー教**、**仏教**、**儒教**、**道教**、**神道を取り上げて重点的に解説して**います。日本人が教養として知っておくべき古典的宗教はこれらの八つです。宗派に関する表や、聖書やコーランといった教典についての簡単なコラムも添えてあります。

また、現代における宗教の存在意義（あるいは本当に意義があるのか？）、現代宗教の重要な社会的動向（ファンダメンタリズム、イスラム復興、ニューエイジ、カルト、無神論など）についても、簡潔に説明しました。

コンパクトながらも重点を整理した本書をお読みになれば、宗教の発する諸情報の迷宮に踏み迷う心配はなくなると思います。

というわけで、グッド・ラック！

中村圭志

先生、宗教について ゼロから 教えてください

目次

第2章 ユダヤ教 ─ 民族の宗教 49

第3章

キリスト教 ― 救世主の宗教

第4章

イスラム教――戒律の宗教　113

第5章

ヒンドゥー教――輪廻の宗教 143

第6章 仏教——悟りの宗教 159

第7章 儒教、道教、神道 ―東アジアの重層的な信仰 195

◆本書は2020年2月発売の『教養として学んでおきたい5大宗教』(マイナビ新書)を元に、大幅な加筆・修正を行ったものです。

第1章

宗教を理解するには

太古からの文化

宗教を理解する上で大事なのは、「信じる」「信じない」ということは脇に置いて、それが**近代以前の社会では当たり前の文化だった**ことを押さえておくことだと思います。

現代は科学の時代ですから、霊や神や奇跡や祟りの話が信じられないのは当然です。しかし、科学が主導権を握るようになったのはほんのここ一、二世紀のこと。ほとんど**二〇世紀の初めまで、社会はどこでも宗教の勢力下に置かれていました**。

二一世紀の今日でも、イスラム圏のように宗教が大きな力をもっている社会があります。日本や西欧のような先進国でも、霊を信じ、来世を信じ、神に祈る人々は大勢います。アメリカはノーベル賞最多獲得国ですが、キリスト教会の出席率が高いことでも有名です。世界全体をみわたすと、宗教はまだ現役で生きている文化だと言えるでしょう。

歴史を大きく振り返ると、人類が言語的コミュニケーションを始めるようになって数万年たちます。そのほとんどの期間、人間はその言語の能力を使って「神話」を語ってきました。そして神の名によって戒律を守ったり、死者の霊を供養したりしてきました。

こんなふうに長期にわたる慣性力があるのだから、社会が科学的に営まれるようになったからといって、宗教的な思考法や習慣はそう簡単には変わらないのかもしれません。

霊や神を語る想像の世界

ところで、宗教とは何でしょうか？

本書ではひとまず、**「霊や神のような目に見えない、不合理で、実在性を証明**

できない存在の働きを前提とする文化の様式」と定義することにします。

もっと簡単に言うと、「**霊や神を語る文化**」ということです。

宗教すなわち霊や神の「想像世界《ファンタジー》」は、しばしば、信者に対して道徳的訓戒や人生の指針のようなものを提供しています。

どのようなものを前提としているかによって、次のように分けて考えるのが便利です。

①**アニミズム**……動物や自然物、先祖などの「霊」を信じる
②**多神教**……さまざまな権能を帯びた「神々」を礼拝する
③**一神教**……宇宙の独裁者である「唯一神」の権威に服する
④**悟りの宗教**……人生の霊妙な理法を「悟る」ことを目指す

以下で、それぞれについて簡単に説明します。

①アニミズム――霊の信仰

農業が始まったのは一万年ほど前だとされています。数千年かけて農業は各地に広まりましたが、それよりも昔、人類はどこでも獣や魚を獲ったり、木の実を採集したりして暮らしていました。

この時期の人間にとって、自然は人間を包み込む絶対の母胎のようなものでした。人間はただ自然の恵みを戴いて暮らしているのであり、自分たちが自然界の存在よりも優位に立っているなどという自意識は無かったはずです。今日でも、狩猟採集民は森林やジャングルの動物たちと「対等な立場」で暮らしていると言われます。人間は動物を狩るが、逆に狩られることもある――そういう意味で「対等」です。

そんな彼らにとって、動物は人間と同様の意識をもつ存在です。人間どうしが互いに言葉をかわすようにして、彼らは動物の意図を読んでいきます。動物も植物も霊をもつ存在であり、人間にメッセージを発している。もちろんそれは擬人

図1　アニミズム

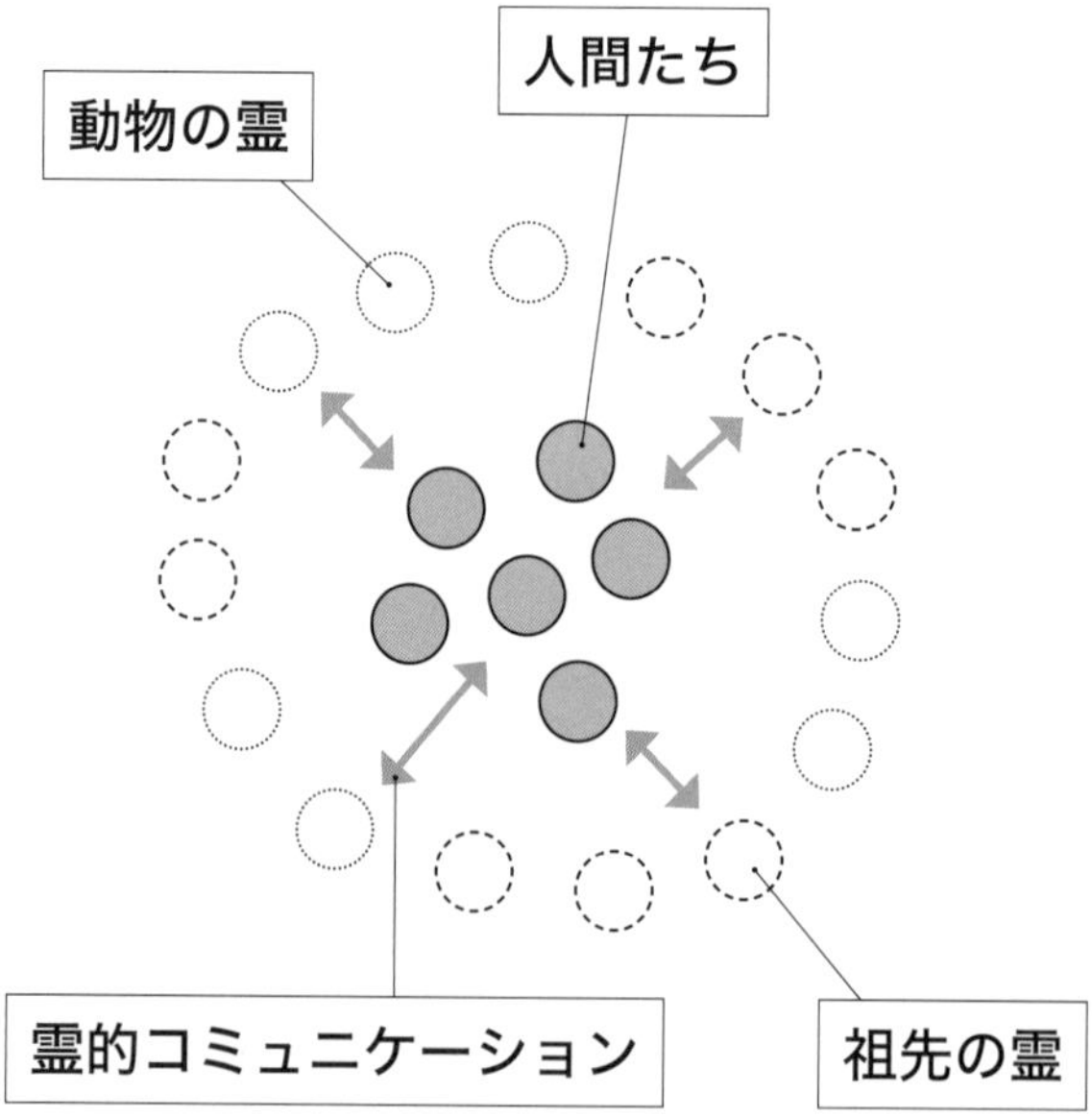

人間たち
動物の霊
霊的コミュニケーション
祖先の霊

的な幻想ですが、ちょうどペットを飼っている人が飼っていない人よりも犬や猫の「言語」の理解に長けているように、彼らは動植物の生態を的確につかんでいたと思われます。

自然界に満ちる霊、すなわち目に見えぬ意識的存在を感じながら暮らす文化を、アニミズムと呼びます。アニマとはラテン語で「霊」「魂」のことです。

霊や魂の信仰において、自然の霊と並んでもうひとつ大きな働きをもっているのは、死んだ人間の霊、祖先の霊です。動物霊と祖先の霊がいっしょくたになっている場合もあります。自分の祖先はオオカミだったというように。

儒教というのは、祖先の霊をお祀りする習慣がそのまま歴史時代の宗教にまで成長した宗教です。命日に死者の頭蓋骨を一族の者がかぶり、霊の宿る「かたしろ（身代わり）」となります。霊媒師が祈る中、祖先がこうした形で現世に帰ってきて、子孫たちと交わるのです。この頭蓋骨がやがて仮面に代わり、それが名前を書いた板に代わって、今日日本人が仏壇に収めて拝んでいる「位牌」にまで進化しました。これは仏教の形をとった儒教の交霊術の道具であり、儒教の背後には太古のアニミズムが隠れています。

現代日本人にとって重要な宗教行事は葬式や法事でしょう。葬式にやってきた人々がみな死者の霊を文字通り信じているわけではないでしょうが、「冥福を祈ります」と言ったり「亡くなった○○さんが天国で見守ってくれる」などと言って遺族をなぐさめるのは、たとえレトリックだとしても、まだ生き続けているアニミズム型の文化です。

「無宗教」を称する日本人ですが、アニミズムの気分はまだ濃厚に残していいます。どこそこで人形の供養をした、さらには道具やロボットの供養をしたなんて記事も見かけます。供養(=霊に何かを捧げること)をする以上、人形や道具には霊が宿っているのでなければなりません。

日本ばかりではありません。お隣の韓国や中国も日本と似た状況です。

欧米社会はキリスト教という一神教(後述)の信仰を建前としていますが、実際にはアニミズム的信仰は今でも盛んです。英国やアイルランドには妖精信仰がありますし、一九世紀には霊媒が幽霊を呼び出す降霊術が欧米諸国で非常に流行しました。また、いわゆる臨死体験をめぐって、それを死者の魂の旅だと本気で信じる人が多いのは、日本人よりもむしろアメリカ人だったりするのです。

「霊、すなわち見えない意志のようなものを感じる」というのは、一種の錯覚なのだとしても、脳神経学あるいは認知科学的な裏付けのある現象なので、建前としての宗教がどうであれ、世界的に、時代を超えて普遍的に見られます。**脳はいつもバーチャルな空間の中で暮らしており、そのバーチャルワールドには普通に霊が登場する**――そう考えることができます。

②多神教――神々の信仰

太古における農業の発明は、人間の動植物に対する優越意識を高めたようです。もはや人類は森林やジャングルの恵みに頼って生きていないからです。人間は種をまいたり、収穫したり、あるいは森林を焼いたり、水路を引いたりして自然をコントロールして暮らすようになりました。

霊的存在も、霊というよりは神と呼びたい存在となります。社会は格差化が進み、富裕な者や豪族が幅をきかすようになり、豪傑や王者のイメージが天界に投影されて、目に見えない王様のような姿の神々を各民族は拝むようになります。

かくして多神教のファンタジーが発達していきました。家ごと、村ごと、地域ごとにそれぞれ因縁のある個性的な神々を拝むわけですから、それらの神々を足し合わせれば多神教となります。また、神々は人間の願望の投影ですから、願望の種類だけ神々の個性も多様化するでしょう。そういう意味でも神は複数存在することになります。

多神教のファンタジーにおいては、豊穣の神を拝めば、雨を降らし、農作物を実らせてくれます。戦争の神を拝めば、戦争に勝たせてくれるのです。

昔の人々がどこまでこうした神々の効能を期待していたかは怪しいとは思いま

図２　多神教

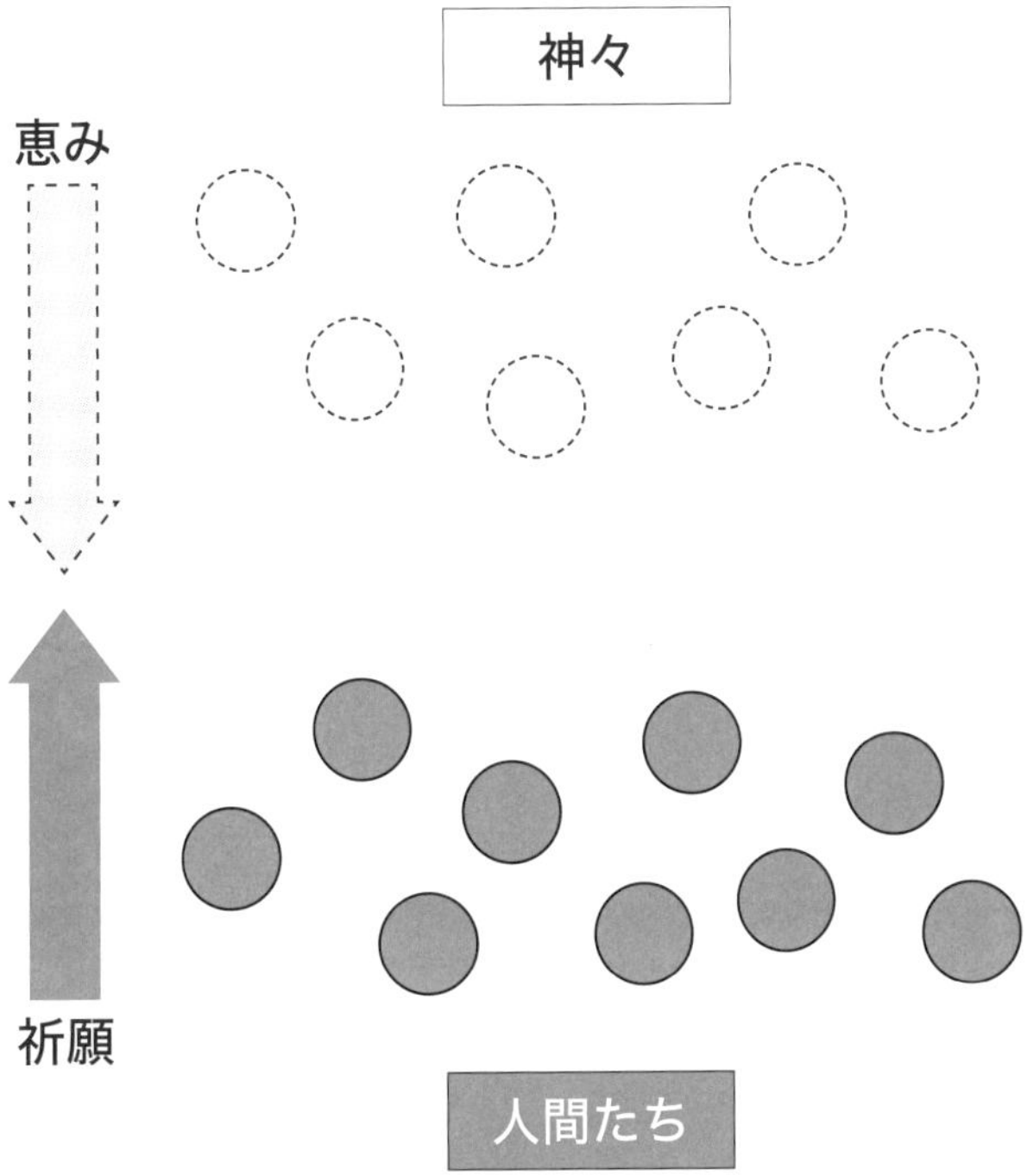

す。神に向かって雨乞いしたとしても、雨が降るとは限らないからです。しかし、今日でも人々は神社に合格祈願の絵馬を奉納したり、占いを「信じ」たり、疑似科学的な健康法を試したりしています。人間は生の現実よりもファンタジーを信じたがるもののようです。

神々の信仰の多くは共同体の行事です。だから神々を信仰するという形で人々の共同意識を高める効果もあります。雨乞いに気象学的効果はないとしても、お祈りの行事をするとき、村人たちが危機感を共有できます。戦いの神に戦勝祈願するときも、兵士たちの士気は上がります。

そのような心理的効果があるのであれば、神の信仰にも立派な社会的機能があることになります。今日では、スポーツ観戦や国家行事における集団的熱狂、ナショナリズムの盛り上がりのようなものが、神々を崇める行事に似ていると言えそうですね。

多神教世界の神々は、民族ごと、地域ごとにさまざまです。インドにはインド神話の神々（帝釈天とか火天とか水天とか）がおり、ギリシャにはギリシャ神話の神々（雷霆《らいてい》神ゼウスとか豊穣神デーメーテルとか）がおり、中東には中東神話の神々（軍神マルドゥクとか豊穣神イナンナとか）がいる――こんなふうに多神教は世界中に展開しました。

それらの信仰の一部は今日では死に絶え、一部は今日でも存続しています。たとえばギリシャ神話や中東神話の神々はもはや死に絶えていますが（今のギリシャ人はキリスト教徒で、今の中東の人々の多くはイスラム教徒です）、日本神話の神々――アマテラスやオオクニヌシ――は今も健在です。

なお、**多神教とアニミズムとの境界線は常に曖昧**です。ある民族が奉じている神秘的な存在を英語に訳すとき god（神）とすべきか spirit（霊）とすべきかにはっきりとした判断基準があるわけではありません。何か偉そうに見え、王や英雄のように振る舞う神話があれば god になるのでしょうが……。

神道のカミは、太陽神アマテラス（天照大神）には神話がたっぷりとあるのでやはり神・godでしょうが、「森羅万象にカミが宿る」などと言われるときには、（言葉としては神でも）今日の一般的定義からすればむしろ霊・spiritに近いと言わなければなりません（そんなわけで、たとえば宮崎駿アニメの『千と千尋の神隠し』に出てくる「神々」は英語ではspiritsとなっています。支配者というより自然のパワーの形象、英語圏では妖精の類、に見えるのでしょう）。

③一神教──唯一神の信仰

人類の想像力は次第に発達していき、人生を司る霊的なパワーに関しても、全宇宙、全世界、全人類を支配圏におさめるような強大なものを求めるようになっていきました。

こうなってくると、アニミズムの霊や多神教の神々ではパワー不足です。世界のごく小さな範囲に対してしか権能をもっていないからです。火の神は火だけを司り、水の神は水だけを司る。ある神はある村だけの神、ある神はある民族だけ

図3　一神教

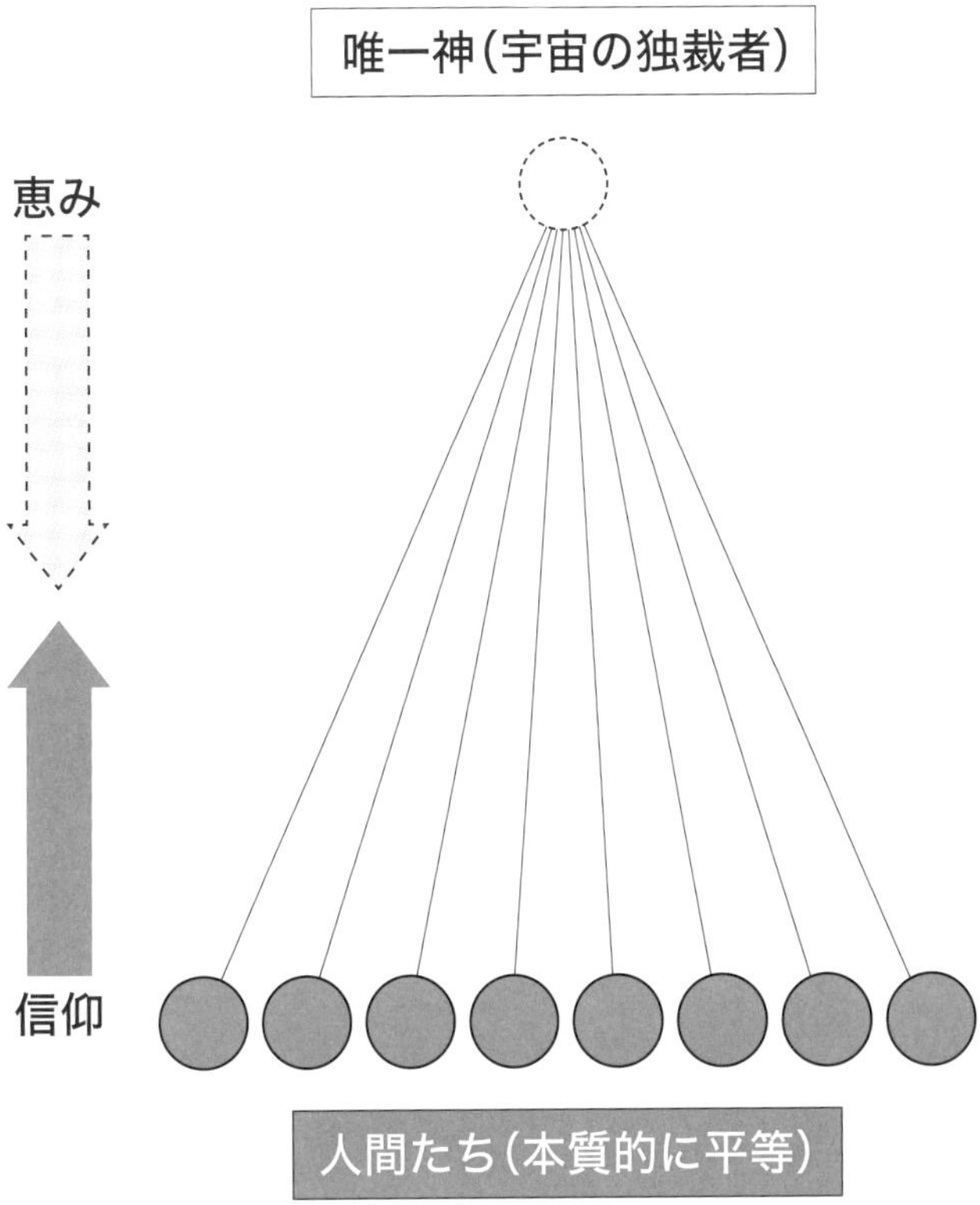

の神です。

というわけで、**多神教の神々よりももっと上位の、独裁的な神の存在が求められるようになりました。それが一神教の神——唯一神——**です。

一神教の神は、人間の思いつくあらゆる「強さ」「善さ」「機能」「効果」をぜんぶ投影された理想の存在です。

どんな奇跡でも起こせます。あらゆる人間の祈りを聞いています。

逆にまた、あらゆる人間を天空から監視しています。人間たちに善と悪を示します。特別な人間に啓示を与え、教典を与えます（啓示を授かった人間を預言者と呼びます）。

唯一であり、創造者であり、全知全能であり、絶対善である——実に大それたイメージです。

そんなものが本当に存在しているかどうかはともかく、人々はそんな神を想像するようになったのです。

さまざまな哲学者や預言者がこれに類するものを思いつきました。ペルシャではザラスシュトラ（ゾロアスター）という神官がペルシャの多神教の神々を整理して、アフラ・マズダーが絶対なる世界神だと主張しました。エジプトではある王様がアテンという太陽神を唯一神のように拝みました（この信仰は彼一代で潰《つい》えたようです。彼の死後はまたもとの多神教に戻っています）。

唯一神信仰で大成功をおさめたのは、古代イスラエル民族（今日のユダヤ人のご先祖様たち）のヤハウェ信仰です。ヤハウェはもともと中東の多神教世界の中の一柱の神にすぎなかったのですが、イスラエルの民はこれを唯一絶対の神、天地創造の神と解釈しなおしました。この伝統からユダヤ教が生まれ、のちの時代にユダヤ教からキリスト教とイスラム教が派生します。ユダヤ教、キリスト教、イスラム教は代表的な一神教です。

ユダヤ教（紀元前数世紀〜）

派生・影響

→ キリスト教（一世紀〜）

→ イスラム教（七世紀〜）

一神教は、多神教の神々を否定する形で発達してきました。**諸民族の奉じるさまざまな神々はぜんぶ幻だ、というのが一神教の主張**です。ユダヤ教もキリスト教もイスラム教も原理的にはたいへん排他的です。一神教の神は唯我独尊なのです。

一神教にはジレンマがあります。万人の上に立つのが唯一神ですから、万人はこの神の前に平等とされます。しかし、その神を信じない人に対しては「真理に背くヤツ」ということで批判的な目を向けます。だから、事実上、「信者vs異教徒」という差別意識が現れるのです。「平等だ、愛だ、平和だ」と唱えつつ、異教徒の弾圧を行なう——そういう悪い癖が一神教にはあります。

これに対して、**多神教は通例、他の民族の神々に対して寛容**です。神々が多いのに慣れていますから、民族Aの神々と民族Bの神々は容易にごっちゃになってしまいます。

古代ローマ帝国では、ローマの神々もギリシャの神々もエジプトの神々もシリアの神々も自由に拝んでいました。日本の「七福神」はインドと中国と日本の神々のチャンポンです（弁天と毘沙門天はヒンドゥー教の神、布袋は仏教の菩薩、福禄寿と寿老人は中国の道教の神、大黒はヒンドゥー教のシヴァ神と日本のオオクニヌシの合体、恵比寿だけが神道固有の神です）。

では、多神教に比べて一神教は排他的なだけの宗教かというと、それも違います。

一神教は「**人間は神の下に平等だ**」という理念をもっていますから、弱者に対する慈善活動に熱心です。

多神教は概して押しつけがましくない一方で、チャリティにも不熱心です。インドの多神教であるヒンドゥー教では、カーストと呼ばれる身分差別が肯定されていました。

寛容だが不平等を是認する多神教と、平等を目指すが不寛容な一神教――それぞれに美点と欠点があるわけです。

なお、ここで多神教徒が「寛容」というのはあくまでも「神々が増えても平気」という意味であり、一神教を含む異国の宗教をちゃんと理解して「寛容」というわけではありません。だから認識のギャップが常にあり、そこから排外的な動きが出てくることもあります。

戦国時代にキリスト教を受容した日本人はやがてキリスト教徒の弾圧に転じました。構造の違う文化が対立を生むこと自体は、一神教の世界にも多神教の世界にも常に起こっています。

④悟りの宗教──宇宙と人生の理法を悟る

多神教の神々を超えたパワーの信仰として、一神教について説明しました。一神教はユーラシアの西半分（ヨーロッパ、中東）とアメリカに広がっています。ユーラシアの東半分（インドや東アジア）では一神教への展開はあまり見られませんでした。この地域には多神教が濃厚に残っています。しかし、この地域では、悟りの宗教が発達しました。

ヨーロッパや中東──一神教
インドや東アジア地域──多神教＋悟りの宗教

中東のほうで一神教が始まった頃、インド人はあらゆる生き物──人間のみならず動物も含む──の運命を司る《輪廻《りんね》》の法則を信じるようになりました。一神教では、人は死後に神の審判によって行き先を天国か地獄に割り振られます。

インドの場合、この審判の機能を果たすのは輪廻です。**善人は好ましい生に生まれ変わり、悪人は悪しき生に生まれ変わる。それはすべて「自業自得」**なのです。

また、修行することによって、この輪廻の束縛から逃れる（＝解脱《げだつ》する）という思想もあります。輪廻から逃れた先に向かう理想的状態を、仏教では《涅槃《ねはん》》と呼び、ヒンドゥー教では《ブラフマン》と呼んでいます。

仏教の究極的理想は、悟りの境地である涅槃に至ること（成仏ともいう）であり、ヒンドゥー教の究極的理想はブラフマンに融合することです。

中国では《陰》と《陽》という二つの原理によって世界や人間の運命が転変すると考えました。陰陽の究極的な出どころを太極と言います。さらに儒教では《仁》が人の進むべき理想だと考え、そのための礼儀を尽くすことを勧め、道教では《道（タオ）》が人のならうべき見本だと考え、そのため無為自然に生きることを推奨しました。

つまり儒教や道教でも、一種の悟りを求めることを推奨しているのです。

仏教式の悟った人が「仏」で、儒教式の悟った人が「君子」で、道教式の悟った人が「仙人」です！

東洋における悟りという理想は、多神教の神々をも支配するものです。つまり、神々もまた悟りを求めて修行する必要があるのです。

キリスト教やイスラム教などの一神教は多神教の神々を蹴散らしましたが、インドや東アジアの宗教では、多神教を悟りの宗教の中に組み込みました。神々と人間がともに「宇宙の理法」にしたがい、それを悟ることを目指すというようなシステムです。

なお、輪廻や解脱にせよ、陰陽や道にせよ、あくまでも人間が主観的に捉えたものであり、自然科学の法則のようなものではありません。宇宙の理法それ自体には哲学性がありますが、同時に（多神教や一神教の神の振る舞いのような）神秘的な曖昧性があります。だから、神の信仰が奇跡信仰になりがちであるように、悟りの信仰もまた、「悟ると運勢がよくなる」といった式のオカルトになり

図４　理法／悟りの宗教

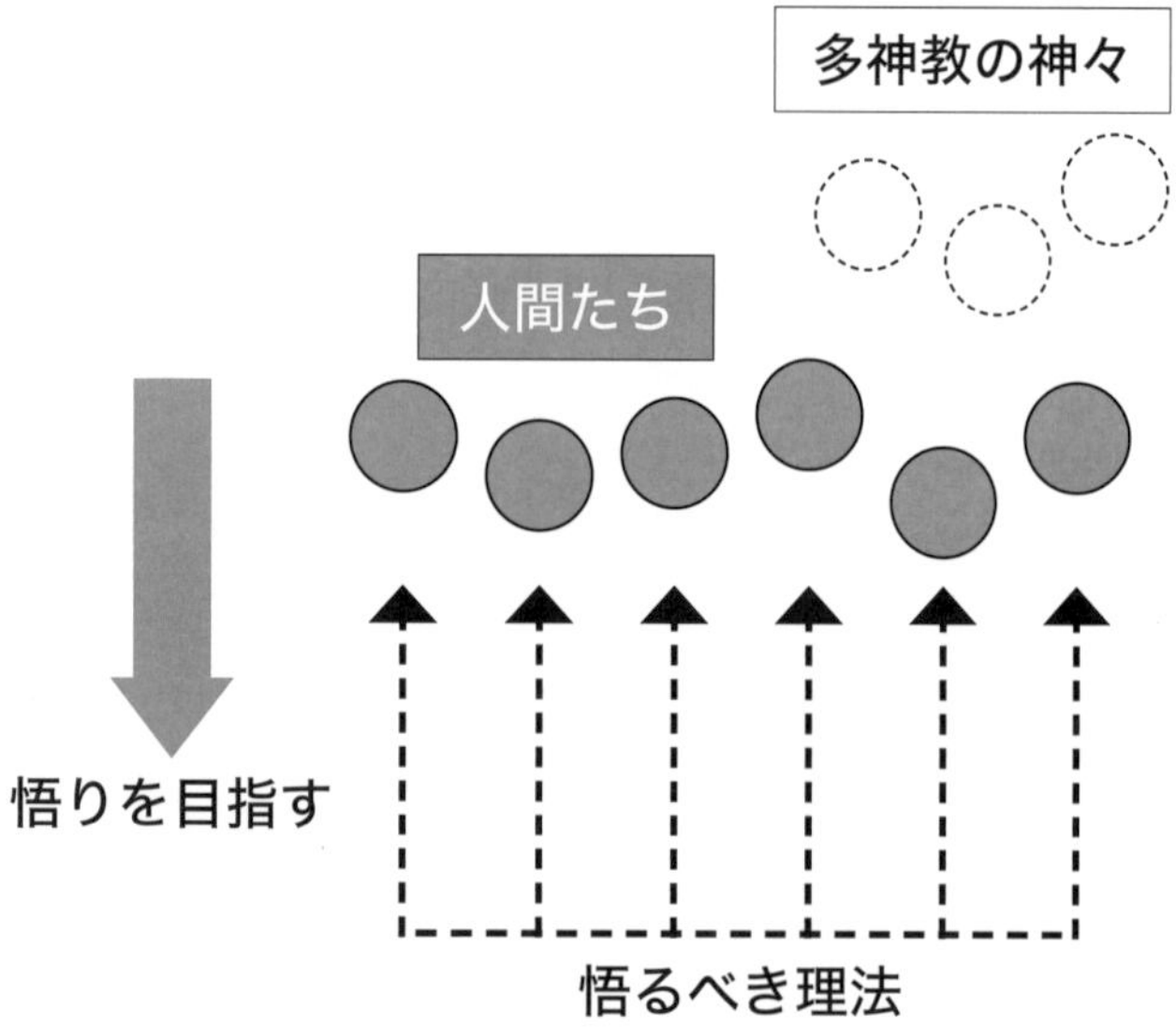
多神教の神々
人間たち
悟りを目指す
悟るべき理法

がちなのです。

興味深いのは、近代科学が、理法や悟りの宗教を奉じる中国やインドではなく、一神教であるキリスト教の世界で誕生したことです（そのあたりのからくりについては100ページを参照のこと）。

信仰のチャンポン

日本では仏教と神道とが共存しています。中国では仏教と儒教と道教が共存しています。さらにこれらの地域では祖先祭祀などの形でアニミズムも盛んに行なわれています。つまりアニミズム（祖先祭祀など）、多神教（神道や道教など）、悟りの宗教（仏教など）が重層的に行なわれているのです。

日本の宗教世界はおおよそ次のようになっています。

①まず、**文化の基層としてアニミズム**があります。祖先の霊の信仰は、「葬式仏教」の形をとっています。実はこれは、仏教の中に紛れ込んだ儒教の儀礼です。自然界の霊的な諸力の信仰は、民間信仰として、あるいは近年流行中のパワースポットめぐりなどとして行なわれています。

②**多神教は、神道と仏教の形**をとっています。

神道系としては、伊勢神宮のアマテラスや、出雲大社のオオクニヌシ、稲荷神社のお稲荷さん、商売繁盛の七福神などの信仰があります。仏教系としては、釈迦牟尼如来（釈迦牟尼仏）、阿弥陀如来（阿弥陀仏）、大日如来、観音菩薩、地蔵菩薩、不動明王などがよく信仰されています。

③**悟りの宗教の代表は、仏教**です。永平寺や高野山では修行者が悟りのために厳しい修行をしています。修行法もいろいろあります。永平寺では坐禅をやりま

す。高野山の修行者は密教のさまざまな儀礼を行ないます。
仏教の影響を受けて、神道などでも滝に打たれたりします。
また、親孝行に努めるのは儒教式の修行といえますし、気功を身につけようなどというのは道教式の修行です。

こんな感じで、三階建てで、**仏教、儒教、道教、神道、民間信仰、さらには新宗教がごちゃごちゃ入り乱れながら実践されている**状態です。

日本は「信仰のチャンポン」が非常に目立ちますが、韓国や中国など東アジアはどこでもそうです。ヨーロッパや中東の一神教の世界では、キリスト信仰ならキリスト信仰一本槍、アッラー信仰ならアッラー信仰一本槍の建前ですから、ちょっと様子が異なります。

しかし、実をいうと、**一神教世界でも潜在的な形で「信仰のチャンポン」**を行なっています。つまりアニミズムの霊や多神教の神々を追い出したはずなのに、霊や神々は裏口から入り込んで一神教の中に居座っているのです。

典型的なのが、キリスト教の大宗派であるカトリック教会のケースでしょう。ここでは聖人の「信仰」（崇敬）が行なわれています。一年三百六十五日が何らかの聖人の名をもっており、その日に生まれた人はその聖人を自らの守護者とします。守護聖人の崇敬は、実質的に多神教の神々の信仰と違いはありません。

守護聖人にはさまざまな権能があります。職業の守護者も、地域の守護者もいる。子供の守護者はニコラオス（サンタクロースの起源）。旅人の守護者はクリストフォロス。悔悛《かいしゅん》した女性の守護者としてはマグダラのマリア。エコロジストの守護者はアッシジのフランチェスコ、アイルランドの守護者はパトリキウス（パトリック）といったふうに。

さらに、天使信仰も聖母マリア信仰もある。まるっきり多神教です。

さらには、民間信仰としてご先祖様の霊を呼び出したりすることもありますので、アニミズム的な祖霊信仰の要素もあります。

ブラジルはカトリック教徒が多いのですが、アフリカ系の住人を中心に、アフリカ生まれの神々の信仰が行なわれています。ただしキリスト教の聖人という建前をとっています。たとえば海の女神イエマンジャーは聖母マリアということになっています。

世界の代表的な宗教

世界の代表的な――つまり歴史的に重要で、信者数の多い――宗教の名前を挙げてみましょう。いずれもすでにちらちらと言及してきたものです。

中東生まれの宗教

ユダヤ教
キリスト教
イスラム教

インド生まれの宗教

ヒンドゥー教
仏教

東アジア生まれの宗教

儒教
道教
神道

世界の宗教のガイドブックが取り上げるのは、おおむねこれらの宗教です。このうち、中東生まれのユダヤ教、キリスト教、イスラム教は一神教です。インドと東アジアで生まれた諸宗教は多神教的なところと悟りの宗教的なところを併せ持っています。

本書では、国際的な広がりの大きい中東生まれのユダヤ教、キリスト教、イスラム教の三つと、インド生まれのヒンドゥー教と仏教の二つについては、国際的教養としての需要の高さを考慮して、それぞれ独立の章を充てて解説します。

図5　世界宗教地図

キリスト教
ヒンドゥー教
イスラム教
仏教
中国周辺は
仏教＋儒教＋道教
西洋、中東の各地に
ユダヤ教が分散
タイなどは
仏教のみ
日本は仏教＋神道
（＋儒教＋道教）

東アジア生まれの儒教、道教、神道については、第7章でまとめて解説することにします。東アジアの特徴として、複数の宗教が相互に影響しながら重層的に信仰されていることが多いからです。

第2章

ユダヤ教

―民族の宗教

ユダヤ人の民族宗教

キリスト教もイスラム教も、億より一桁大きい数の信者数を誇っています。しかし、この二つの宗教を生み出した母体であるユダヤ教の信者数はそんなに多くありません。総勢一五〇〇万人程度で、これがアメリカ、ヨーロッパ、中東各地に散って暮らしています。

ユダヤ教徒を英語で言うとJewish peopleということになりますが、この言葉はそのまま**ユダヤ人**を指す言葉でもあります。とはいえ、ユダヤ人のすべてが信仰熱心というわけではありません。日本の仏教徒や西欧のクリスチャンと同じで、今では信心深くないユダヤ人も多いのです。

その**ユダヤ人の「民族宗教」などと呼ばれるユダヤ教**ですが、その歴史的起源についてかいつまんで説明しましょう。

超古代に始まる

時代は今から三千年ほど前（紀元前一〇〇〇年前後）にさかのぼります。日本では縄文時代。とんでもない昔です。その頃世界の先進文明地域といえば中東でした。今日イラクのある所にはメソポタミア文明が、そしてナイル川流域にはエジプト文明が展開していました。大規模な灌漑で農業を営む、巨大な神殿やピラミッドや都市国家をもつ文明です。

この文化的先進地域において、多くの民族が勃興し、互いに交流や衝突を繰り返す間に、**世界に先駆けて、多神教から一神教への「進化」が起こりました。**

とはいえ、今日まで続く一神教の流れの源流は、エジプトやメソポタミアの大民族に発したわけではありませんでした。それはむしろ、大民族にはさまれて暮らす、ユダヤ人のご先祖様たちのたいへんローカルな信仰から発しました。

小規模な半遊牧民集団であった彼らは、大国のプレッシャーに負けないよう

図6　中東の古代文明とイスラエルの民の居住地

に、宗教連合をつくって団結していました。場所は今日イスラエル国のある、パレスチナ地域です。

彼らの奉じる神様はヤハウェと呼ばれていました（実際には「畏れ多い」というのでヤハウェとは発音せず、「主《アドナイ》」と呼ぶのが普通で、今でもそう呼んでいます）。

なお、この時期にはユダヤ人（Jew/Jewish）という名称はありませんでした。超古代についてはむしろイスラエル人（Israelite）と呼ばれます。今日のイスラエル国の市民（Israeli）とは定義の異なる、古代における民族名ですので、紛らわしくないように、本書では「イスラエルの民」と呼んでおきましょう。

元祖・外国人労働者モンダイ

イスラエルの民は一つの伝承をもっていました。「自分たちにはエジプトの地で奴隷として建設労働に駆り出されていた時代があった」という「**出エジプト**」の伝承です。

エジプトはピラミッドで知られる、建築に長けた文明です。伝承によると、イスラエルの民は居留民として都市の建設に従事していたのですが、**いつしかその仕事が奴隷労働のようになってしまった**。つまり「元祖・外国人労働者問題」が発生しました。

ここで**モーセ**という名の英雄が現れます。彼は神ヤハウェの啓示を受けて、奴隷労働に泣く同胞を解放すべく王と交渉します。モーセはいろいろと神通力を見せて脅しをかけました。面倒くさくなったエジプト王は、民の解放を約束しました。

モーセと神に率いられたイスラエルの老若男女は砂漠の中をぞろぞろと歩き出したのですが、エジプトとパレスチナの境目にある「海」（今日のスエズ運河のあたりにあった湖か潟？）で、進行を阻まれます。そこに、思い直したエジプト

モーセと律法

神から十戒を刻んだ石板を授けられ、民のもとへ帰るモーセ。頭から神秘の光が。ギュスターブ・ドレ（19 世紀）

王の率いる軍勢がやってきました。

オー・マイ・ゴッド！　イスラエルの民は進退きわまった！

と思いきや、モーセがヤハウェに頼んで奇跡を起こします。海をまっ二つに分け、海底に現れた乾いた道を歩かせて民を向こう岸まで逃がしたのです。

これが、みなさんもどこかで聞いたことがあるであろう、「海を割るモーセ」の奇跡です。もちろん、神話、フィクションです。

イスラエルの民がエジプトから集団で移住したという伝承の史実性もはっきりしません。仮に背後に史実があったとしても、よくある小規模な奴隷逃亡事件にすぎなかっただろうと言われています。イスラエルの民の起源はよく分からないのですが、ただ、一部にこういう伝承をもったグループがあって、そのグループの伝承がいつしか民族全体の起源神話となったということのようです。

伝承がさらに告げるところでは、ヤハウェは民族を解放した「救いの神」であるばかりでなく、モーセを通じて民にたくさんの戒律を授けた「**律法の神**」でもありました。つまり、**民族共同体が慣習として守っていたたくさんの掟を、出エジプトの際にモーセが神から授けられたものというふうに、イスラエルの民は解釈していた**のです。

律法は法律をひっくり返した言葉ですが、英語ではどちらもlawです。神与の法律が律法というわけです。具体的には、聖書の巻頭にある「創世記」「出エジプト記」など五つの書が律法（ユダヤ人の言葉でトーラー）に相当します。

この五書の中には、神話や歴史的伝承などが書かれていますが、それらと並んで、社会生活上のたくさんの掟や戒律が書き並べられています。ざっと六百項目からなる超古代の「六法全書」です。

労働しない日の規定

律法全体を統括する、我々の六法で言う「憲法」にあたるのが「モーセの十戒」

と呼ばれる十箇条です。

①ヤハウェ以外の神を自分の神とするな。
②偶像をつくって礼拝するな。
③ヤハウェの名をみだりに唱えるな。
④安息日（七日に一回の絶対休息の日）を守れ。
⑤父母を敬え。
⑥殺すな。
⑦姦淫するな。
⑧盗むな。
⑨偽証するな。
⑩隣人の妻や家畜や財産を欲するな。

神ヤハウェへの忠誠を求める条項もあるし、殺害や窃盗や偽証の禁止など、人間として守るべき絶対の倫理もあります。

注目すべきは、安息日の規定でしょう。熱心なユダヤ教徒は今日でも安息日――ユダヤ暦では土曜日に当たる――を遵守します。この日は祈りの日であり、絶対に労働しません。火を熾《おこ》すことも労働に入るので、調理は前の日に済ませておきます（電化された現代でも同じです）。

思い出してください。イスラエルの民の自己認識は「エジプトでのブラック労働から逃げ出した集団」というものです。「元祖・外国人労働者モンダイ」がヤハウェ信仰の出発点です。そんな信仰集団が**労働禁止の日の遵守を神与の掟とするの**は、筋が通っているではありませんか。

そしてこの精神が、ユダヤ教から派生したキリスト教やイスラム教にも受け継がれています。

一般に一神教徒は日本人みたいに「仕事こそが神聖！」とは考えないようで

す。労働はブラックになりやすい。そうしたブラック性を阻止するのが神の意志なのです。

奴隷問題、階級問題、移民問題、外国人労働者問題等々が深刻化するたびに、一神教は人気を盛り返します。今日、ユダヤ教のバージョン違いのような宗教であるイスラム教が世界的に盛り上がっていることには、こういう背景があると思われます。

なお、ユダヤ教から安息日を取り入れたキリスト教は、一日ズラして日曜日を安息日にしました。日本人は明治時代に西洋の暦を採用したとき、日曜日を休むという習慣も取り入れました（それまでは盆と正月以外、丁稚《でっち》たちには休日が無かったのです）。日本の労働者もユダヤ教の規定の間接的な恩恵を被っていると言えるかもしれません。

亡国と神の昇格

さて、イスラエルの民は、ヤハウェの奇跡的救済を信じ、律法と呼ばれる戒律を守って暮らしていました。やがて民は王様を戴くようになり、**ダビデ王**、**ソロモン王**といった名君のもとで栄華の時代を迎えます。

「栄華」というのはこれまたかなり脚色された伝承であるらしいのですが、ともあれ、ダビデ王は理想の王様として記憶されました。その後ユダヤ人が苦難の時を迎えるようになったとき、ダビデ王の再来を求める声が高くなりました。いわゆる救世主（**メシア**）信仰というのは、ダビデ王への憧憬に由来するものです。

ダビデ王の時代は紀元前一一ないし一〇世紀頃ですが、**イスラエルの民は前六世紀には完全に国家を失っています**。もともとが弱小民族であったのです。周辺にアッシリア、バビロニアといった大国が興ったら、政治的独立を保つのは困難でした。

バビロニア王は、敗戦国民を捕囚として帝国内に入植させました。ユダヤ人――捕囚以降はユダヤ人と呼ぶのが普通です――は、国家を失ったものの、民族としてのまとまりを保ちました。**彼らは国家がないぶんだけ、聖書（つまり律法）への忠誠心を高めました**。

そして神ヤハウェは神学的に格上げされました。もはや国家がないので、ヤハウェは国家の守護神とは言えなくなりました。神はむしろ全世界の神、唯一絶対の神とされたのです。

宗教的ロジックの極意

神の格上げのいきさつをもう少し詳しく説明しましょう。

ヤハウェはもともと中東の諸民族が奉ずる多数の神々の中の一柱として信仰されていました。土台にあるのは多神教です。神々はたくさんいるが、イスラエルの民はヤハウェだけを拝む――こういう条件で、イスラエルの民はヤハウェと契約を結んだのです。

しかし、一般民衆はもともとカミサマを一つに絞るなんて考えに馴染んでいませんでした。民衆としては、砂漠の神であるヤハウェよりも、農業や牧畜に有益な農耕の神様のほうがありがたい。周りの民族はバアルという豊穣神を拝んでいました。だからイスラエルの民衆も、しょっちゅうバアルに浮気していました。

そんなわけですから、ヤハウェがヘソを曲げたとしてもおかしくはありません！　民のほうが神を裏切ったのだから、神のほうだって民に対して国家消滅という天罰を加えて当然だ！　――**預言者**たちはそのように解釈したのです。

偉大なるヤハウェは、イスラエルの民が外国の軍勢に負けるというシナリオを用意した。ということは、ヤハウェは世界情勢をコントロールできる、全知全能の超国家的な神様だということになる……。

かくして、**ヤハウェは民族神から天地創造の唯一絶対神へと格上げされた**ので

「創世記」の神話

歴史の途上で神ヤハウェは格上げされ、天地創造の絶対神となった。キリスト教徒のミケランジェロの描くアダムの創造(16世紀)。

アダムとエバは知恵の木の実を食べて楽園を追放された。これを「原罪」と捉えるのはユダヤ教徒よりもカトリックやプロテスタントのキリスト教徒である。ルーカス・クラーナハ(16世紀)

した。

ちなみに、信仰集団が苦境に陥ることによって、その信仰が逆に崇高化されるというのは、宗教の歴史上しょっちゅう起きていることです。

たとえば、カルトの教祖が何年何月何日に世界が終わると予言したとします。ところがその日が来ても世界は終わりません（当然ですね！）。信者の大半は逃げてしまいます。しかし、志操堅固《けんご》な一派が残ります。彼らに言わせれば、自分たちの祈りが届いて、神は世界終末の計画を変更されたのである。神は滅びの神ではなく、愛の神なのだ――と、神の性格が格上げされるわけです。

ヤハウェの場合、イスラエルの民は亡国の苦難を味わったわけですが、しかしそれも愛の鞭《むち》なのです。信仰篤《あつ》き民にはやがていっそう大きな救いが訪れるであろう……。

これが苦難に遭った亡国の民ユダヤ人たちの希望となりました。メシア待望です。

ユダヤ人のライフスタイル

要点をまとめましょう。ユダヤ人は唯一神を奉じます。その性格は、

〝民を奴隷状態から解放した神である〟

〝民に律法を与えた神である〟

〝その正体は、天地を創造した唯一絶対神である〟

本来は民族の神だったヤハウェが歴史の途中から世界の神に変わったので、ユダヤ人は世界の神が敢えて選んだ民族――選民――ということになりました。

ユダヤ教徒の信仰生活は戒律の実践を基本とします。律法にはモーセの十戒にあるように「殺すな」「盗むな」など、もっともと思われることも書かれていますが、いかにも古代的な、ワケの分からない規定もあります。たとえばカシュ

ユダヤ教の食事規定(カシュート)

<table>
<tr><th colspan="2"></th><th>食べてよい</th><th>食べてはいけない</th></tr>
<tr><td rowspan="3">肉類</td><td>けもの</td><td>牛、羊、山羊など</td><td>豚、ラクダ、馬、
ウサギ、犬、猫など</td></tr>
<tr><td>鳥</td><td>鶏、七面鳥、アヒル、
鳩、ウズラなど</td><td>猛禽類、ダチョウなど</td></tr>
<tr><td>その他</td><td>イナゴ</td><td>他の昆虫、爬虫類など</td></tr>
<tr><td colspan="2">海産物</td><td>うろことひれのある魚
(イワシ、タラ、マグロ、
ブリ、カツオ、サバ、
アジ、タイ……)</td><td>うろこの判然としない
魚(ウナギなど)、
貝類、イカ、タコ、
エビ、カニなど</td></tr>
<tr><td colspan="2">その他</td><td>野菜、果物、穀類、蜂蜜、
適正な動物の乳製品</td><td>――――</td></tr>
</table>

- 食べてよい食品をカシェールあるいはコーシェル(英語 kosher)と呼ぶ。
- 動物を屠るのは専門家が行なう。傷や欠陥のある動物、病死した動物は禁止。
- 肉類は完全に血を抜く。肉料理と乳製品を同時に食べない。
- 過越しの祭りでは、イースト入りのパンを食べない。
- 改革派ユダヤ教徒はこの規定に縛られない。

ルートと呼ばれる食事規定があります。（信仰熱心な）ユダヤ人は貝もエビもタコも食べられません。ウナギもウナギパイも駄目なのです。

ややこしい食事規定があるのは、民族の純潔を保つためだったのではないかと言われています。食べ物の規定がうるさいと、よその民族と一緒に食事をすることができません。結婚も難しくなります。だから民族のアイデンティティが保たれるという次第です。

今日のユダヤ人は、必ずしもこうした戒律を厳格に守ってはいません。**正統派**と呼ばれる一派は遵守せんと頑張っています。**改革派**は柔軟に解釈する。**保守派**は中道を歩む。

ユダヤ教にはたくさんの通過儀礼や年中行事があります。男子は赤ん坊のときに**割礼**を行なうのが伝統的には普通でした。割礼とはペニスの包皮の一部を除去して亀頭を露出させることです（砂漠の民の慣行に由来する）。思春期に行なう宗教的成人式もあります（少年〔一三歳〕は**バルミツバ**、少女〔一二歳〕は**バト**

ユダヤ教の宗派

正統派 Orthodox	律法、口伝の解釈、ユダヤ法（ハラハ）の権威を認め、それを実践する。本来のユダヤ教徒のライフスタイルを守る立場だが、一般的には近代的な生活習慣も取り入れている。イスラエル国に多い。 超正統派 Ultra-Orthodox と通称される一派（ハレーディーム）は、古いライフスタイルに固執する。男性信徒は特徴的な黒のフロックコートを着て山高帽をかぶり、もみあげを剃らずに残しているので、見た目で分かる。
保守派 Conservative	改革派ほどの革新は控える中道の一派。20 世紀初めにアメリカで誕生。 さらに分派した再建派 Reconstructionist は、来世観を含めた再構築を行なう一派。
改革派 Reform	教理や戒律を再解釈し、慣習を簡素化する。日常の言葉で祈る。19 世紀のドイツに発するが、アメリカを中心として展開。

ミツバ)。結婚式もユダヤ式です。

年中行事としては、ユダヤ暦の最初にあたる九/一〇月には、一年の罪をお祓いする贖罪《しょくざい》の日や、屋外に仮小屋を建てて過ごす仮庵《かりいお》の祭りといった行事があります。二/三月には、子供たちが仮装するプーリムがあります。日本アニメのコスプレも人気なのだとか。三/四月には、エジプトからの脱出を記念する過越《すぎこ》しの祭りがあります。

紀元前の捕囚以来、ユダヤ人は聖書(律法)の学習を熱心に行なうようになり、西暦紀元後には、ラビと呼ばれる聖書の先生を中心に共同体を営むようになりました(ラビはキリスト教プロテスタントで言えば牧師にあたります)。ラビは聖書読解のエキスパートであり、中世に編纂《へんさん》された百科事典並みに浩瀚《こうかん》なタルムードと呼ばれる参考書を所有しています。これには古代のラビたちの律法解釈や解釈の解釈が満載されています。民衆から人生相談を受けたラビは、タルムードの中から現代社会の実情にあった聖書解釈を探し出し、指針を与えるのです。
キリスト教の「教会（堂）」に相当する礼拝施設はシナゴーグと呼ばれます。

二千年（超）ぶりの建国

ユダヤ人は古代の捕囚事件以来「国家無き民」でした。**近代になって、キリスト教諸国が国民国家をつくるにあたって、宗教の異なる異分子であるユダヤ人への迫害を激しくしました。**

ロシアでの迫害の様子は、主人公テビエ役の森繁久彌の快演で日本でも人気があった『屋根の上のバイオリン弾き』（戦後のアメリカで書かれた戯曲）で知られています（ハリウッド映画があるので御覧あれ）。そしてナチスは六百万人と言われるユダヤ人を殺害しました。

一九世紀後半以来、ユダヤ人たちは古代に自分たちの国家があったパレスチナの地に国家を再建するという運動（シオニズム）を展開していましたが、第二次大戦後、実際に「イスラエル国」が建国されました。

しかしこれは中世以来この地に住んでいたアラブ人たちを追い出す結果にもなり、以来、アラブ人とユダヤ人が睨み合うパレスチナ紛争が続いています。

戦前の排他的なキリスト教社会において行き場を失ったユダヤ人が、国家や国境のあり方が今日とは異なる昔の国際的環境において、パレスチナの地に移民しさらに建国したことを、今日の視点で批判することはできないでしょう。

ただし、二〇世紀後半においてナショナリズムの高まりや宗教的保守化の動向が世界中に見られる中で、イスラエルも宗教的な右傾化が進み、パレスチナ難民の間にも宗教的な過激派が登場し、対立が激化しています。これは宗教の機能不全でも政治の機能不全でもあります。

宗教熱心な人は国家よりも律法に宗教の本質を見ていますので、必ずしもイスラエル国家を支持するわけではないのですが、政治的状況によって、**宗教と排外**

主義は結びつきやすいのが現代世界の現実と言えるでしょう。

コラム

旧約聖書

聖典として名高い「聖書」という書物は、旧約聖書と新約聖書の二部に分かれています。

新約聖書はキリスト教徒のみの聖書で、これはキリストについて書いてあります。

それよりも古い旧約聖書は、ユダヤ教徒とキリスト教徒のどちらもが教典としています。旧約とは「神様との旧《ふる》い契約」という意味で、これはクリスチャンだけの呼び名です。ユダヤ人は旧約とは呼びません。彼らの言葉でタナハと呼びます。

ユダヤ教典タナハ＝旧約聖書の中核をなすのが、巻頭の五書すなわち「律法」です。残りの部分は「預言者」および「諸書」と総称されています。

「律法」……創世記、出エジプト記、レビ記、民数記、申命記
「預言者」……イザヤ書、エレミヤ書、エゼキエル書など
「諸書」……詩編、箴言《しんげん》、ヨブ記、ダニエル書など

創世記には、天地創造、人祖アダムとエバ（イヴ）の失楽園、ノアの洪水、バベルの塔といった純然たる神話――いずれもけっこう楽しめるファンタジーです――や、イスラエルの父祖アブラハムの伝承などが書かれています。

出エジプト記には、イスラエルの民がエジプトを脱出したいきさつ、指導者モーセを通じて神から律法を授かったいきさつなどが書かれています。

イザヤ、エレミヤ、エゼキエル……というのは、預言者の名前です。預言とは

「神の言葉を預かること」。民衆の信仰がだらしないとき、神様のお言葉を御託宣として受け取った宗教家が預言者です。彼らは民衆を叱りつけたり、なだめたり、希望を説いたりしました。その記録がイザヤ書などの「預言者（＝預言書）」です。

創世記から、有名な言葉をいくつか引用しましょう。

「光あれ。」（一章三節）

――天地創造のときの神の最初の言葉です。

「産めよ、増えよ、地に満ちて、これを従わせよ。」（一章二八節）

――神が人間を祝福する言葉です。

「あなたは塵だから、塵に帰る。」（三章一九節）

——アダムに神が言います。塵に帰るとは死ぬこと。

「私は雲の中に私の虹を置いた。
これが私と地との契約のしるしとなる。」（九章一三節）
——ノアの洪水の試練が終わったときに神が言います。

（引用はすべて、聖書協会共同訳『聖書』）

第3章

キリスト教

―救世主の宗教

ユダヤ教から生まれたキリスト教

キリスト教はユダヤ教からの派生宗教です。

ユダヤ教徒は長らくメシアの出現を求めていました。メシアはユダヤの言葉で救世主を意味し、それをギリシャ語でいうとキリスト（実際の発音はクリストスあるいはハリストスのように聞こえる）となります。

そのメシアすなわちキリストではないかとユダヤ教徒の間で噂されたのが、ナザレのイエスという人物（前四年？～後三〇年？）でした（イエス自身もユダヤ教徒です）。

イエスの信者たちは師の死後ユダヤ教徒以外にも伝道を始めたので、独立の宗教「キリスト教（英語でChristianity）」となりました（信者は英語でChristian＝クリスチャンです）。

キリスト教は古代のローマ帝国内で広がり、四世紀には国教になりました。その後は主に北方に勢力を伸ばし、ヨーロッパからロシアまでの広大な地域がキリスト教圏となりました。大航海時代以降はアメリカ大陸やアフリカ大陸、オセアニアなど世界中に広まり、今日、**キリスト教は世界最大の信者数（二十億人以上）を誇っています**。

歴史上のイエス

古代にさかのぼって解説しましょう。

ユダヤ教徒は紀元前六世紀にバビロニアに捕囚されて以降、各地に散って暮らすようになりましたが、多くがエルサレム周辺（今日イスラエル国があるパレスチナ地域）に住んでいました。**エルサレムには唯一の神殿があり、ヤハウェに動物犠牲を捧げる儀式を行なっていました**。

イエスの時代、地中海沿岸はローマ帝国の支配下にありました。パレスチナ一

図７　ローマ帝国（最大版図）とパレスチナ

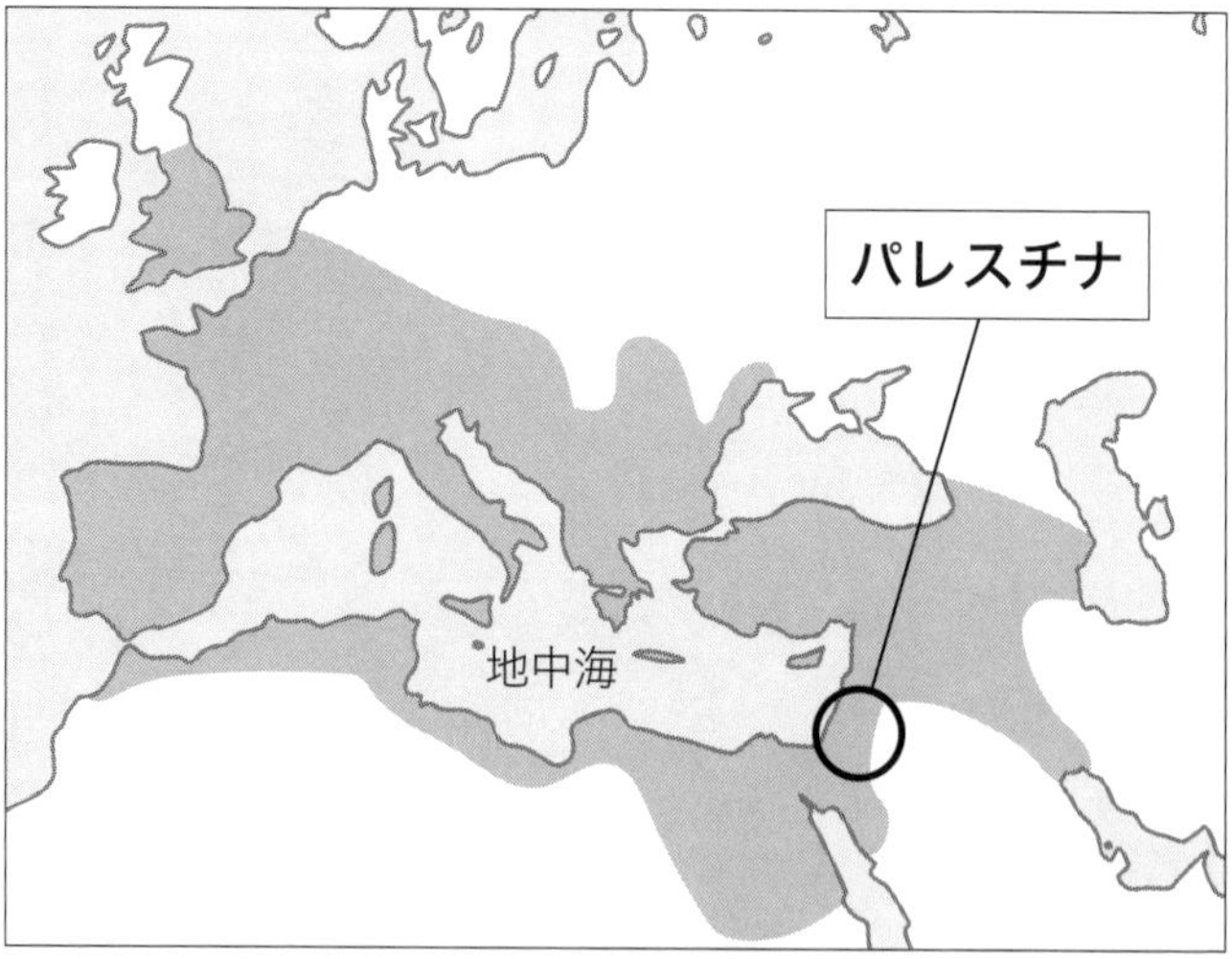

図８　イエス時代のパレスチナ

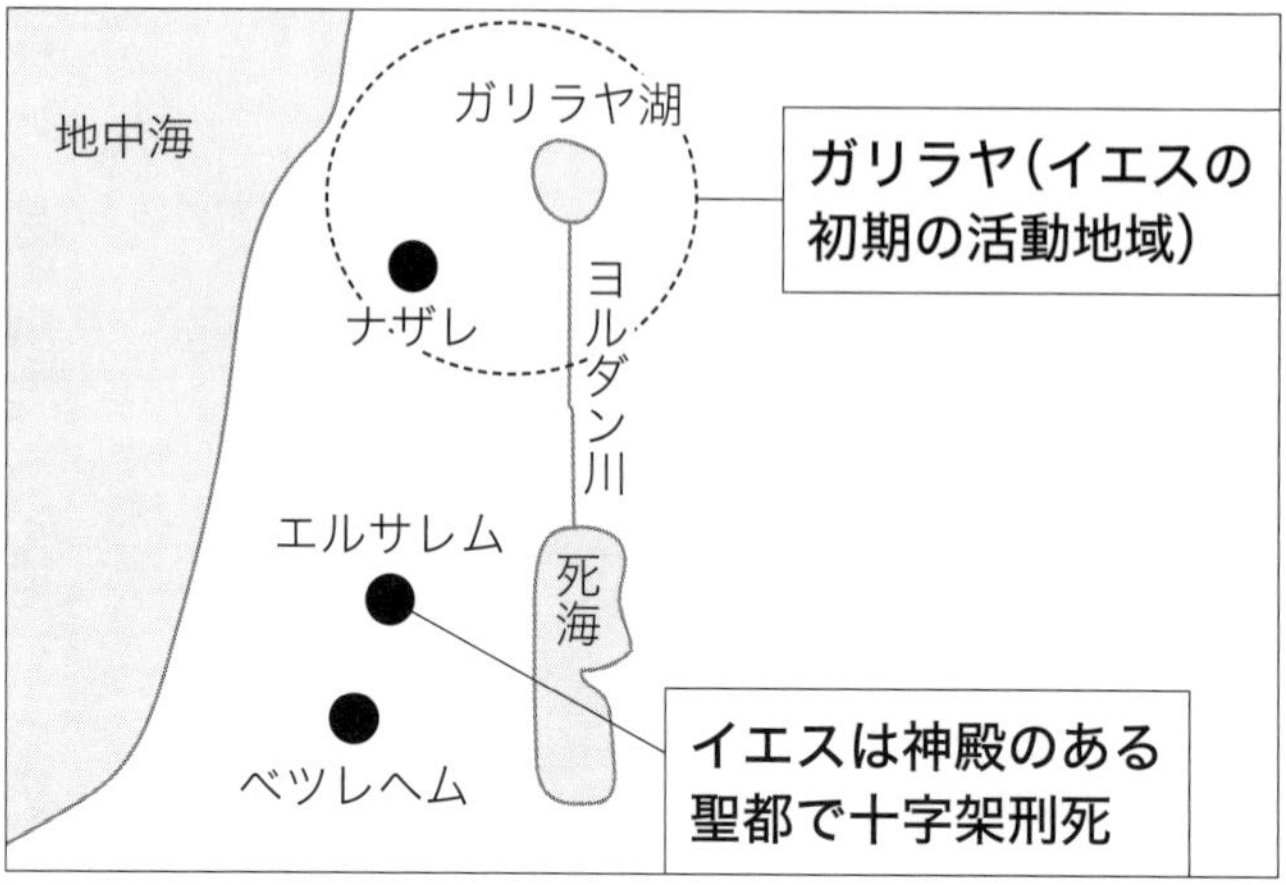

帯にもローマの総督がいました。ヘロデという名のユダヤ系の領主もいましたが、ローマの傀儡《かいらい》にすぎませんでした。

イエスという人物は、信者からメシアだと思われていました。神秘のパワーでローマ軍を蹴散らして神聖国家を樹立するはずの、スーパーヒーローだと思われていたのです。しかし、イエスはユダヤ教の宗教当局に逮捕され、ローマ総督に引き渡されて、あっけなく処刑されてしまいます。

史実のイエスの生涯を簡潔に記しますと、

【出自】

大工ヨセフとマリアの子であった。ナザレという町で、家業を継いで大工（家具製作などの木材加工業）を営んでいた。

【活動】

三〇歳頃にガリラヤ地域で独立の宗教家として活動を始めた。民衆の間で「神の国」の到来を説き、病気治しなどを行なった。

【処刑】

民衆を扇動する者として逮捕され、ユダヤ教祭司の裁判とローマ総督の裁判を受けて有罪となり、帝国への反逆者として十字架刑に処された。

当時、**自称メシアとして処刑された者はたくさんいました。しかし、他の者たちと異なり、イエスだけが死後も信者を増やし続けました**。信者はイエスは死後に復活したとまで考えていました。

神話的なイエス・キリスト

キリスト教会は、イエスの生涯を次のように伝えています。

【奇跡的な生誕】

処女マリアから生まれた。ヨセフは養父であるが、太古のダビデ王の系譜である。誕生の地も、ダビデ王ゆかりの地であるベツレヘムである。

【悪魔に勝つ】

荒野で悪魔に試みられるが、退散させた。

【奇跡を起こす】

人々の病気を治し、死者を蘇らせることまでした。それは旧約聖書の預言の成就であり、まさしく「神の国」の到来を告げるものであった。

【メシアとしての使命】

洗礼者ヨハネという宗教家や、十二弟子の筆頭であるペトロ（のちの初代ローマ教皇）がイエスをメシアと認めた。ある山の上で旧約の預言者たちと出会った。

【人類の罪を背負う】

悪魔に負けた弟子のユダが当局にイエスを売り渡した。イエスは逮捕され、裁判にかけられ、十字架に架けられた。この受難は、イエスが人類の罪を背負い、贖罪《しょくざい》するという、神の計画によるものであった。

【復活と再臨】

死後三日にして復活し、弟子たちの前に姿を現し、そののち天に挙げられた。今は父なる神とともに天にいるが、世界終末のときに地上に再臨するだろう。人々は最後の審判を受け、正しい者は天国に、悪しき者は地獄に行くだろう。

色々信じがたいようなことが言われていますが、すべて神話と言っていいでしょう。

まず、奇跡的な生誕ですが、神話や伝説にはしばしば処女から生まれた英雄が登場します。イエスの場合もこのパターンです。ダビデ王というのは、ユダヤ人にとって「神武天皇」のような存在ですから、イエスの系譜をダビデに結び付けるのは権威付けのフィクションです。

キリスト伝

天使が聖母マリアに神の子の受胎を告知する。
フラ・アンジェリコ（15世紀）

最後の晩餐の席でキリストが十二弟子に「裏切り者」の存在を告げる。レオナルド・ダ・ヴィンチ（15世紀）

正教のイコン（聖画）の描くキリスト磔刑（14 世紀）。十字架の下にはアダムの頭蓋骨が。

病気治しはどうでしょうか？　病気には心理的な要因があるので、カリスマの治療というのもまるっきりあり得ないことではありません。しかしまあ、**エピソードの多くは、イエスの思い出を語り継いだ民衆たちの願望の投影**と考えるのが無難です。旧約聖書の中に、病人を癒したり死者を蘇らせたりする救済者のイメージが語られていますので、その枠に合わせて記述されたと思われます。

イエスの受難と復活は？　イエスは実際に社会を乱す不穏分子として逮捕され、処刑されたと思われますが、悲劇を際立たせるために脚色されていることでしょう（悪役ユダの描き方など）。死後の復活は噂にすぎないでしょうが、これも英雄にはよくある物語のパターンです。

ともあれ、イエスは民衆の間に相当なインパクトを残した人物だったのでしょう。宗教的革命家だったのかもしれないし、愛の実践者だったのかもしれない。このインパクトが触媒になって、信心深い古代の人々の神話的なビジョンがイエスのまわりに結晶化したのだと思われます。

だから、今となっては真相をつきとめようもない史実のイエスの姿よりも、神話的に語り継がれてきた救世主イエスの姿の中に、キリスト教という宗教の眼目があると言えます。教祖というものの存在しないヒンドゥー教や神道の場合と同様、キリスト教もまた、神話の宗教なのです。

神のイメージの変化

キリスト教はユダヤ教から派生しました。分派にあたって、神のイメージはどのように変更されたのでしょうか?

①【救いのイメージ】

ユダヤ教の神——つまり旧約聖書の神ヤハウェ——は、イスラエル民族をエジプトの奴隷状態から救済しました。これに対してキリストは、**貧者、病人、罪人**

といった社会の最底辺の人々とともに暮らし、彼らを癒したりなぐさめたり赦《ゆる》したりしたとされています。

つまり**キリストという神様は、「民族の救済者」というよりも「困っている個人の救済者」**だということになります。

ユダヤ教………民族を中心に救う神のイメージ
キリスト教……個人単位で（全人類を）救う神のイメージ

②【何を戒めとしているか？】

次に、旧約聖書の神は、モーセを通してイスラエルの民に律法という形で十戒などの戒律を授けています。これに対して、キリストは、律法にある無数の戒律の要点は「愛」であるとしました。

また、キリストの孫弟子にあたるパウロは、律法遵守にこだわるよりは、キリストへの「信仰（＝忠節）」に専念しなさいと説きました。戒律が守れたから偉いのではなくて、戒律が守れない人間の現実を認めて、そんな人間の罪を背負ってくれたキリストに忠誠を誓うほうが大事だというのです。

というわけで、**ユダヤ教は「律法」の宗教、キリスト教は「信仰」**の宗教ということになります。

ユダヤ教………律法の宗教（戒律を守ることが重要）
キリスト教……信仰の宗教（キリストの神秘を信じることが重要）

③【一神教の建前は？】

旧約聖書の神は天地創造の神です。イエスのほうは生身の人間ですから、天地創造の昔には存在していなかったはずなのですが、神格化されたイエス・キリストは、天地の初めから神秘的な形で存在していたことになりました。

「ヨハネによる福音書」の冒頭に「初めに言《ことば》ありき」と書かれていますが、この「言」（ギリシャ語でロゴス）はいわゆる言語ではなく、イエスを指す符牒《ふちょう》です。この文言の真意はよく分からないのですが、ともあれイエスの神格化が起きています。

救世主イエスも実は神であったとなると、キリスト教の建前である「一神教」としては困ったことになります。旧約の神もいますから、神が二柱になってしまうからです。

さらに、信者は聖霊も神として崇めていました（聖霊は信者に働く神秘的な信仰の力です）。神は三柱になりました。

さまざまな経緯があって、教会は結局、この三つの存在を「一体である」と結論づけました。これを三位《さんみ》一体と言います。

この神秘的な教義によれば、唯一なる神は次の三つのペルソナ（位格）として存在します。

父なる神………ユダヤ教伝来の創造神ヤハウェ
子なる神………イエス・キリスト
聖霊なる神……信者に働く霊

このお三方は別々の存在なんだけど、一つなんだと。だから一神教ではあるのだと。

論理的にはめちゃくちゃと言っていいのですが、信者はこれを無条件に信じることにしています。理屈で分かろうとしても無駄だとされています。

キリスト教はヨーロッパで信仰されている宗教であり、**ヨーロッパ人は「合理的」とされていますが、信仰の根っこのところに神秘思想がある**ことは押さえておくべき点でしょう。

キリスト教は他の宗教と比べても、神秘性の高い宗教です。処女から生まれる、神が罪をかぶって死ぬ、復活する、神は三にして一、一にして三……といった神話や神学をたくさん抱えているのがキリスト教なのです。

その神話に満ちたキリスト教世界から科学を含む近代の仕組みが生まれた経緯については100ページをご参照ください。

イエスの死から始まったキリスト教の歴史

イエスから始まったキリスト教が教理的に完成するのに数世紀かかっています。

イエスは西暦三〇年頃に十字架刑死しました。その直後に「イエスは復活した！」という噂がたちました。この噂から教団が再出発します。教会の建物はなく、信者の家に集まってキリストを記念する儀礼を行なっていたようです。

五〇年代に孫弟子パウロが、各地の信者に宛てて、盛んに神学的な手紙を書いています。この**パウロの教えがキリスト教の出発点**だという人もいます。

七〇年代前後から、イエスの言行録──「福音書」──が書かれるようになりました。まずマルコ福音書（「マルコによる福音書」）が成立し、それを改編してマタイ福音書とルカ福音書、さらに別の一派がヨハネ福音書をつくりました。福音書はまだまだ書かれ続けたのですが、次第に荒唐無稽な内容になっていきました。今日では**最初の四冊のみが新約聖書の中に入れられています**。

最初期のクリスチャンはみな終末を待望していました。今が今にもキリストが再臨して、世界が終わり、自分たち信者が天に挙げられる、と期待していたのです。

しかし終末はやって来ませんでした。終末に対する熱意が冷めていくにつれ、教会はむしろ市民生活の中に信仰を定着させるための組織づくりに励むようになりました。司祭（神父）のような聖職者が生まれ、福音書とパウロの手紙などを正典とし、キリストとは何であるかの神学を整え、異端を退けるようになりました。

退けられた異端としては、三世紀頃に流行したグノーシス派があります。この派の解釈では、宇宙を創造したのは悪い神であり、人間はその奴隷になっている。そこで宇宙の外から救済に訪れたのがキリストだということになります。これに対して、教団が最終的にとった立場は、創造神とキリストと聖霊を「三位一体」とみなす教理でした。

そしてついに、**四世紀に、キリスト教はローマ帝国の国教となります**。それだけ信者の数が増えたということですね。

その後ローマ帝国は分裂し、西のローマ帝国（イタリアのあたり）は崩壊します（東のローマ帝国はいわゆる「ビザンツ帝国」として存続します）。

キリスト教はかつての帝国の版図よりも北方に広がっていきました。ゲルマン諸族（今日のドイツ人、英国人、北欧人にあたる）や、スラブ諸族などがキリスト教に改宗しました。逆に、かつてはキリスト教圏の中心であった中東地域（今日のトルコ、シリア、エジプトのあたり）は、七世紀に勃興したイスラム教に呑まれていきました。

キリスト教の三大宗派

中世を通じて西方（ラテン語を公用語とする）と東方（ギリシャ語を公用語とする）の文化的な乖離《かいり》が進んでいきましたが、一一世紀に正式に分離しました。西方の**ローマカトリック教会**と**東方正教会**の始まりです。東方正教会はイコンと呼ばれる仏画のように様式化された聖画を尊重することで有名です。

ローマカトリックは**教皇**（法王）を中心とする中央集権的なシステムです。教皇のもとに、各地の教会や、各種の**修道会**ががっちり組織されています（フランシスコ会、ドミニコ会、イエズス会などが有名です）。総本山はローマ郊外のサンピエトロ寺院（いわゆる**バチカン**）です。

この強大な組織への反発が高まった一六世紀には、カトリックから**プロテスタント諸教会**が分離を始めました。プロテスタントはさまざまな宗派の総称です。内訳は、ルーテル教会、英国国教会、メソジスト、バプテストなどです。

キリスト教の主な宗派

コプト正教会 Coptic Orthodox(エジプト) エチオピア正教会 Ethiopian Orthodox シリア正教会 Syriac Orthodox アルメニア正教会 Armenian Orthodox		いずれも中東各地の独立組織。5世紀の論争の際、主流教会の教理に従わなかった。古代以来の儀礼的伝統を守る。
東方正教会 Eastern Orthodox	ギリシャ、東欧(ブルガリア、セルビアなど)、ロシアなど	11世紀にカトリックとたもとを分かつ。各国ごとに組織される(ロシア正教会などと呼ぶ)。全体を「ギリシャ正教」とも呼ぶ。 教会と国家の調和を図る(西方の政教分離と異なる)。 神学的には中世以来の展開はない。儀礼と瞑想を重んじ、イコン(聖画)を崇敬する。
カトリック Catholic	南欧(イタリア、スペイン、フランス)、アイルランド、ドイツ南部、ポーランド、中南米、フィリピンなど	11世紀に東方正教会とたもとを分かつ。ローマ教皇(法王)を中心とする単一の組織。ローマカトリック教会。 神学が続々と発展し。各種の修道会(フランシスコ会、ドミニコ会、イエズス会など)が社会的にも活動する。
プロテスタント Protestant	ドイツ北部、北欧、英国、米国、カナダ、オーストラリア、ニュージーランドなど	16世紀にマルティン・ルターが始めた宗教改革によりカトリックから分離して成立した系統の諸教会。 教皇の権威に服さず、各教派ごとに独自的な展開を見せている。

プロテスタントに属する主な教会

ルター派 Lutheran	16世紀に誕生。善行ではなく信仰のみによる救いを強調。プロテスタントの最大教派。
改革派 Reformed 長老派 Presbyterian	16世紀のスイスの宗教改革に由来。救いと滅びにおける神の絶対性を強調。
聖公会 Anglican	16世紀英国に誕生した国民教会「英国国教会」の系譜上の諸教会。制度的には儀礼などの点でカトリックに近い。アングリカン。
会衆派 Congregational	16世紀に英国国教会から分離。地方教会の自治を重視。組合協会。
バプテスト Baptist	17世紀英国の清教徒革命時代より。規範として聖書を重視。アメリカに多い。
クエーカー Quaker	17世紀英国より。聖書や信条よりも集会の魂の感得を重視。フレンド派。
メソジスト Methodist	18世紀英国より、アメリカにも展開。福音伝道と社会運動を重視。
アドベンチスト Adventist	19世紀アメリカより。キリスト再臨を待望。
救世軍 Salvation Army	19世紀にメソジストより分離。「社会鍋」などの社会的救済活動を実践。

なお、正教会やカトリックでは聖職者を「司祭（神父）」と呼ぶのに対し、プロテスタントの教会では普通「牧師」と言います。

大雑把な性格づけをすれば、**東方正教会は古代からの儀礼を重んじ、思想的には概ね保守的。カトリック教会は中央集権的で、概して保守的ですが、今日でははるかにリベラルになっています。プロテスタント諸教会は、教団による違いが大きく、超保守もあれば超リベラルもあります。**

キリスト教と近代化の関係

近代社会を構成する大事な要素として、科学、資本主義、そして近代法制度や三権分立などの政治制度を含む国民国家が挙げられますが、これらは一八世紀以来のプロテスタント・カトリック社会において発達したものです。成立の要因として、これらの宗派の性格がものを言ったと言われています。

主なポイントは……

①カトリックやそこから派生したプロテスタントの世界では、「神が世界を計画的に創造したのだから、創造の際に神が決めた法則を論理的、実証的に明かしてやろうじゃないか」という意欲が強くありました。これが自然科学の発展に寄与しました。たとえば、ニュートンなどはたいへん敬虔な信仰者でした。

イスラムの神は戒律を与える存在という性格が強く、自然の規則性よりも神の恣意性に力点があります。インドや中国には世界を意図的に構築する神が存在せず、かわりに輪廻の法、陰陽や気といった神秘的な法則や作用が信じられていました。これは全宇宙を数理的に統一的に眺めるのに不利でした。

②一六世紀以降、カトリックの中央集権を離脱したプロテスタントの諸教派では、信者たる市民の一人一人が聖職者を媒介せずに神に直接向かい、まるで修道僧のように禁欲的に日課をこなすことを推奨しました。やがて英国人もオランダ人もアメリカ人も、工場の生産物などを通じて社会の福利に供しようと考えるよ

うになり、事業で得た利益はパーッと使ったりせず（なにせ神様からの預かりものですから）、次の投資にまわすなんて殊勝なことを行なうようになりました。

おかげで**資本主義**がひとりでにどんどん回転するようになり、**産業革命**も促進され、新しい富が蓄積し、そのうちに神様のことは忘れて自分たちが世界を計画的に支配しているという意識に変わっていったわけです。神様に触発されながら神様抜きで社会を運営するようになったのだから、宗教としては皮肉なことですね。こうした展開を論じたのが二〇世紀初めの有名な社会学者、マックス・ウェーバーです。

なお、資本主義の発展に関しては、カトリック社会はプロテスタント社会よりもずっと遅れました（さらにこれに、正教世界のロシアや明治期の日本が続きました）。

③近代化はキリスト教だけがもたらしたものではありません。キリスト教以前の**古代ギリシャ・ローマ文明**では地球の大きさを天文学的に推測するなんてこと

までやっていましたし、ギリシャの哲人ソクラテス以来の弁論を重んじる気風が、近代合理主義や民主的討論の習慣をもたらしたという側面があります。ルネサンス以来、西欧社会では古代異教文化から多くのことを学んでいます。

④ヨーロッパの発展には、地理的な偶然も大きく寄与しました。一五世紀以来の大航海時代に天然痘などの疫病を新大陸に持ち込んだせいで、免疫のない先住民の人口が激減し、スペイン人など西欧人がこの地域をまんまとせしめたという残酷な歴史があるのです（これについてはジャレド・ダイアモンド『銃・病原菌・鉄』が詳しく論じています）。

欧米列強は世界の植民地化を推し進め、帝国主義的支配と福音の伝道の二人三脚を当然と考える状態が二〇世紀半ばまで続きました。

欧米社会は今日においても、先鋭化した資本主義、人間社会を圧倒する自然科学や情報工学、そしてリベラルな民主制度や慈善活動や人権闘争を通じて世界の主導的なシステムであり続けています（近代的自由主義の内部において保守と革新の対立が続いていますが)。こうした力動的な文化の仕組みに、西方のキリスト教の間接的な影響を見ることは今日でも可能です。

ちなみに、**ロシア**は**正教**の社会であり、プロテスタント・カトリック社会にあるような「資本主義や民主主義で神の世を実現する」という未来志向の神話は浸透しませんでした(一時期のソ連は宗教を否定する社会主義の形で国民に未来信仰を教育しましたが)。中央アジア、シベリア方面の帝国主義的支配は広まりましたが、近代化に関しては別の経路をたどっていると言えそうです。

キリスト教の主な行事

キリスト教の主な行事は、**聖餐**《せいさん》と呼ばれる日曜ごとの儀式です(正教会では聖体礼儀、カトリックではミサ、プロテスタントでは聖餐式などと呼ぶ)。これはキリストが弟子ととった最後の晩餐にちなむ行事で、パンとワインをキリストの体と血として戴きます（カトリックやプロテスタントでは小さなコイン状のウエハースのようなパンを戴くだけということが多い）。

この奇妙なシンボリズムは、キリストが犠牲となったのがユダヤ教の過越しの祭りの期間であったことに由来します。過越しの祭りでは、ユダヤ教徒は羊の犠牲を捧げて神に祈りました。神殿は羊の血にまみれ、肉はみなで食しました。この**肉と血の行事がパンとワインの行事に変わった**のですから、犠牲のイメージもずいぶん草食化したわけです。

他の行事としては、信者が入信するときの洗礼があります。頭に水をちょろちょろとかけるだけの教会も多いのですが、全身を水にざんぶとつける教派もあります。なお、クリスチャンの多くは大人になってから自分の考えで信仰の道に入るわけではなく、赤ちゃんのうちに両親によって洗礼を受けさせられます（幼児洗礼）。

他に、カトリック教会などでは、神父に罪を告白するという習慣（告解）があります。キリストが神父を通じて赦しを与える仕掛けとなっています。

年中行事でみなさんもご存じなのは、イエスの生誕を祝う**降誕祭**（クリスマス）でしょう。一二月二五日のクリスマスは古代ローマの異教の冬至祭に由来するもので、クリスチャンが異教徒の祭りの「裏番組」としてぶつけるためにその日をキリスト生誕日に選んだと言われます（実際の生誕の日は不明）。

キリスト教最大の行事は**復活祭**です（春分の後の最初の満月の次の日曜日）。日付が固定されていないこともあって、非信者の間ではあまり認知されていませんね。この奇妙な日付は、ユダヤ教の過越しの祭りが太陰太陽暦に基づいていることによります。

チャリティの伝統

キリスト教はユダヤ教の六百もある戒律を原則として無視することにしまし

た。かわりにキリストへの信仰一筋でやっていけばいいという建前ですが、これでは倫理的にあまりに曖昧なので、古代からさまざまな慣行があったようです。

倫理の典拠はいちおう聖書です。モーセの十戒などはよく引用されます。他に、高慢、物欲、嫉妬、怒り、色欲、貪食、怠惰という「七つの大罪」への戒めなどがありますが、やはりかなり抽象的ですね。

概して言って、昔ほど厳しく、今に近づくにつれて甘くなってきました。かつては、ちょっとのことで「地獄行き」を心配しなければならなかったのですが、今日のクリスチャンの多くは自分は死んだら自動的に天国に行けると思っています。

クリスチャンとして勧められる善行は隣人愛の実践です。とくに、貧者や病者などの弱者への施しやお世話です。チャリティはキリスト教の最も誇るべき精神でしょう。

西洋社会は、ビジネス的にひどく割り切れた側面と、キリスト教のロマンチッ

クな側面をもっています。車の両輪です。貧者や弱者に救済の手を差し伸べるという伝統が根強く、困窮者に向かって「自己責任」などと言わないのが普通です。

日本のマスコミは、宗教関係の国際記事は、テロやカルト事件を除いてオミットする傾向があります。世界をよく知っている国際的ビジネスマンも、ビジネスの現場しか知らないので、欧米の一般庶民の宗教的な情緒やロマンまで観察が行き届きません。この点は要注意でしょう。

なお、「創世記の記述に合わないから生物進化論はウソッパチだ」などと信じているファンダメンタリストについては、第8章（↓232ページ）をご覧ください。こうした「妄想」の生産が盛んなのもキリスト教の無視し得ぬ側面です。

コラム

新約聖書

クリスチャンは旧約聖書（ユダヤ教典）と新約聖書を合わせて「聖書」と呼び、教典としています。神との「新しい契約」（新約）とは、キリストの十字架が新時代の救いとなるという神様の約束を意味します。新約聖書には、福音書、何通かのパウロの手紙、黙示録など二七書が含まれています。

福音書はキリストの言行録で、「マタイによる福音書」「マルコによる福音書」「ルカによる福音書」「ヨハネによる福音書」の四書があります。その中にあるイエスの言葉をいくつか引用しましょう（引用はすべて、聖書協会共同訳『聖書』）。

「心の貧しい人々は、幸いである。」（マタイ五章三節）
——精神に誇るものが何もない者こそが、神の救いの対象であると。

「敵を愛し、迫害する者のために祈りなさい。」（同五章四四節）
——敵を無視するのではなく愛でからめとるべしという積極主義です。

「あなたがたは、神と富とに仕えることはできない。」（同六章二四節）
——豊かなエジプトの奴隷社会を拒否して、神のもとに独立した太古のイスラエルの民の気概の余韻でしょうか（↓55ページ）。

「あなたがたの中で罪を犯したことのない者が、まず、この女に石を投げなさい。」（ヨハネ八章七節）
——罪人を責めるよりもまず、自分のことを反省しろ、という教え。

キリストの孫弟子にあたるパウロは各地の信者に宛てて複数の手紙を書きました。「ローマの信徒への手紙」や二通の「コリントの信徒への手紙」などです。これらも非常に重要な文書です。

愛は忍耐強い。愛は情け深い。妬まない。愛は自慢せず、高ぶらない。礼を失せず、自分の利益を求めず、怒らず、悪をたくらまない。不正を喜ばず、真理を共に喜ぶ。すべてを忍び、すべてを信じ、すべてを望み、すべてに耐える。（コリントの信徒への手紙（I）一三章四〜七節）

——チャペルの結婚式に参加した方は耳にされたことでしょう。

第4章

イスラム教

——戒律の宗教

ユダヤ教とキリスト教の影響を受けた宗教

一世紀にユダヤ教からキリスト教が分派し、**七世紀にこの二つの宗教の影響のもとに、イスラム教が誕生**しました。

イスラム教徒は先行する二つの宗教を「尊重」します。ユダヤ教徒とキリスト教徒には改宗を迫らないという建前です。また、開祖の預言者ムハンマドに神が下した啓示とされるコーランとともに、ユダヤ教の律法や詩編、キリスト教の福音書もまた、「啓典（唯一神の啓示の書）」として重視します。

つまり、同じ唯一神（アラビア語でアッラー）が、ユダヤの預言者たち、キリスト、そしてムハンマドに、順繰りに——と言っても数百年おきにですが——啓示を下してきたというふうに、三つの宗教の関係を理解しているのです。ですからまあ、神の言葉の最終バージョンであるコーランが一番すばらしい内容だということになります。

イスラム教はユダヤ教に似て、戒律を重んじます。ユダヤ人は律法の戒律に従って暮らそうとし、イスラム教徒はコーランの戒律に従って暮らそうとします。イスラム教徒は、コーランの規範を組織的に展開したイスラム法（シャリーア）という六法全書のような体系をもっています。

他方、**イスラム教徒はクリスチャンに似て、民族や国家を超えた形で連帯しています**。クリスチャンほど伝道に熱心ではないのですが、ユダヤ教徒に比べたらはるかにフットワークが軽いと言えるでしょう。近代以前のイスラム商人の活躍によって、モロッコからインドネシアまでが一つのイスラム世界をなしています。

なお、アラビア語のイスラームとは、神（唯一神）への帰依という意味です。神への帰依者はムスリムです。一神教徒はみんなムスリムということになりますが、普通はイスラム教徒のことを指します。

預言者ムハンマド

イスラム教の開祖ムハンマド（五七〇年頃～六三二年）の生涯を簡略に記しましょう。

ムハンマドは、アラビア半島はメッカ市の交易商人でした。

六・七世紀当時、メッカは東のインド方面から西のビザンツ方面までの交易路の拠点の一つでした。アラブの諸部族は隊商をくんで交易し、メッカで取引したり神々に奉納したりしていたのです。当時のアラブ人は多神教徒で、メッカの多神教の神殿カアバには一説には三百六十もの神々の像があったと言われます。

ムハンマドは篤実な商人として成功しましたが、四〇歳頃（六一〇年頃）にメッカ郊外の山の洞窟で瞑想を行なうようになりました。そしてある日、唯一神から啓示を受けたとされます。

それ以降、ムハンマドは「アッラーの使徒」として人々にお告げを宣《の》べ伝える

図9　イスラム教の誕生

ビザンツ帝国
ササン朝ペルシャ
地中海
エルサレム
メディナ
エジプト
メッカ
イスラム暦の始まり
アラビア半島
ムハンマドが最初の啓示を受ける
インド洋

ようになりました。信者も増えましたが、メッカの支配層からは社会秩序を乱す者として嫌われ、迫害を受けるようになります。

そこで六二二年、ムハンマドはメッカから少し離れたヤスリブという町に信者とともに移住します（ヤスリブはのちメディナと呼ばれるようになりました）。この移住を「聖遷（ヒジュラ）」と言います。ムハンマドはメディナで政治的宗教家として采配をふりました。

イスラム暦（ヒジュラ暦）は西暦六二二年を紀元とする太陰暦です。メディナでの信者の暮らしがイスラム共同体の原型となったので、この年を紀元としているわけです。

メディナの信者たちはメッカ市民と小競り合いを繰り返していましたが、他のアラブの諸族からの信頼を得るようになり、メッカ市民も降参します。ムハンマドと信者たちは六三〇年にメッカに無血入城を果たし、カアバの神々の像をすべて破壊しました。

預言者ムハンマド

天界を見聞する預言者ムハンマド。預言者の顔はベールで隠されている。スルタン・モハンマドの細密画（16世紀）

ムハンマドは六三二年に亡くなりました。**没後、教友たちが暗記していたアッラーの言葉を集めて一冊の本にまとめ、コーランが完成しました。**ムハンマド亡きあとは、もっぱらこのコーランが信徒たちの生活指針ということになりました。

一神教の伝統としての弱者保護

コーラン（より正確な発音はクルアーン）はムハンマドの口から語られたものですが、アッラーが教え諭すような文体になっています。つまり、**コーランの内容はムハンマド個人の意見ではなく、あくまで神がムハンマドを通じて語った**という建前なのです。

こうした形式は、旧約聖書以来の「預言」の伝統だと言えるでしょう。イザヤ、エレミヤ、エゼキエルといった旧約の預言者たちは、みなそんなふうにして神がかりの中で天から言葉を授かった（と思った）。中東の預言者に限らず、アフリカでもシベリアでも日本でも、一般にシャマンや霊媒と呼ばれる人は、一種の多重人格のようになってお告げを述べます。

次に、そのアッラーの教えの内容ですが、これもまた基本的に、旧約以来の一神教の伝統に沿ったものです。旧約聖書では、神は民を奴隷状態から解放しました。また、孤児や寡婦を泣かすなと説いています。新約聖書では、神はキリストとなって出現して、貧者、病人、罪人など社会的弱者の味方をしました。同様に、**コーランの告げるアッラーの言葉も、基本的に、社会的弱者の保護を旨とするもの**です。

アラブ人は部族単位でまとまって暮らしていました。部族はそれぞれに神々を奉じていました。しかし、商業都市メッカが発展して社会に格差が広がっていっても、昔ながらの権益を代表する多神教の神々は、貧窮者たちの救いになってくれなかったようです。ムハンマド自身、孤児として苦労したと言われます。

そうした弱者たちの守り手として、一神教の神からの言葉が下ったというわけです。天地創造の神は、万人に分け隔てなく慈悲を賜る。アッラーは孤児の保護を説き、貧者への施しとなる喜捨を勧めました。

メッカの部族宗教（多神教）の神々を打破する形で、一神教が布告されたというのは、以上のようないきさつによるものです。

女性の権利をめぐって

さて、社会的弱者といえば、女性に対しても、その権利を保護する方向で神は教え諭しています。たとえば、アラブの部族は伝統的に嬰児《えいじ》殺しをやっており（江戸時代の日本人も貧困対策として伝統的にやっておりました）、とくに女の子が殺されましたが、コーランはこれを禁じました。

コーランは、女性に対する遺産相続権も公式に認めています。世界史的に見れば、これは画期的なことです。英国では二〇世紀になるまで女性に相続権がなかったそうです。

ただし、コーランの方式は、現代式の「男女平等」とは少し異なっています。**女性の相続権は男性の半分です。男性は家族の面倒をみる義務があるので、倍になっている。男性は女性の「保護者」だという規定もあります。**

女性の身だしなみとして、体の美しいところを覆うようにも推奨されています。なるほど、男性目線で出来上がった規定だと言えるかもしれません。

そんな次第で、今日ではイスラム社会の女性の扱いが何かと問題になっています。

歴史的に見れば、イスラムの女性の扱いは画期的ではありました。しかし神の教えは近代法のようには融通が利きません。フェミニストがどう意見を述べても、「はいそうですか」と規定を変えるわけにはいきません。

ユダヤ教にもキリスト教にも、広く宗教一般に言えることなのですが、**宗教の掟や戒律は概して保守的**です。自由を基調とする現代社会では、この点がどうしても問題化せざるを得ないでしょう（ちなみに、イスラム教徒が神の法を――部分的に現代の生活に合わなくなっていても――変えてはいけないと考えるのは、日本人が憲法を――自衛隊の扱いなどをめぐって矛盾していても――変えたくないというのと、論理的に似ていると見ることもできます。憲法を変えなくても解釈でどうにかできるのではないかという考えは、コーランの法を変えなくても解釈で対処可能だと考えるのに確かに似ています）。

六信と五行

ユダヤ教はたいへん古い宗教で、旧約聖書は千年くらいかけて成立していますし、それぞれの書の著者も異なっています。超古代の意味不明の神話も多く、矛盾を指摘したらきりがありません。

キリスト教もまた、キリストをめぐる複雑な神話をもっており、「贖罪」にせよ「復活」にせよ「三位一体」にせよ、神学を理解するのはなかなか容易ではありません。

これに比べて、古代よりもだいぶ近代に近づいている七世紀という時代に生まれたイスラム教は、教えのポイントをコンパクトにまとめており、かなり組織立った印象を与えます。

コーランはムハンマド一代で完成したもので、内容も聖書より首尾一貫しています。神話や奇跡譚は案外乏しく、むしろ実務的な感じが濃厚です。ムハンマドは有能な政治家だったのでしょう。

ただ、コーランの原文は詩的な余韻に満ちていると言われ、アラビア語のできる人には法悦を味わわせてくれるといいます。そういう意味での神秘性は濃厚です。

伝統的に、イスラム教徒が信じるべきものは「六信」としてまとめられ、行なうべきものは「五行」としてまとめられています。

紹介しましょう。

六信

神……………唯一神（アッラー）
天使…………複数いる霊的存在
使徒…………ムハンマドの他にモーセやイエスなども
啓典…………コーランの他にユダヤ教の律法やキリスト教の福音書なども
来世…………終末の審判ののちの楽園（天国）と火獄（地獄）
定命…………人間の運命を神が定めていること

五行

信仰告白……アッラーとムハンマドへの信仰を告白する
礼拝…………日に五回（未明、昼、日没前、日没後、夜）
喜捨…………定額を納めるもので、貧者などに分け与えられる

断食…………ラマダーン月の昼間に行なう断食および性的禁欲
巡礼…………巡礼月のメッカへの作法通りの巡礼

信仰告白の具体的文言が決まっています。「ラー・イラーハ・イッラッラー（アッラー以外に神はない）」「ムハンマド・ラスールッラー（ムハンマドはアッラーの使徒である）」

日に五度の礼拝もまた、作法や祈りの文言が定められています。幼少時から死ぬまでずっと、**イスラム教徒は日に五回も毎日毎日礼拝を続けています**。おそらくこれが信仰の秘訣なんですね。つまり観念的に「神を信じる」「信じない」なんて次元を超えて、体に礼拝感覚を染み込ませるわけです。

キリスト教徒は一週間に一度教会に行けばいいほうです。日本仏教徒は仏壇にチーンしたりしますが、そんなに熱心ではありませんし、現在ではほとんどの人が法事のとき以外、仏壇の存在も忘れています。

これらに比べると、イスラム教徒の日常の実践が非常に濃厚であることが分かります。スポーツのように身体に染み込ませた宗教は生涯持続することでしょう。

なお、礼拝は必ずしもモスクで行なう必要はありません。家でも、ホテルでも、工場の一角でも、飛行場の通路でも、どこでもいい。なるべく複数が集まってやったほうがいいとされます。モスクは日差しや雨露をしのぐための空間にすぎません。

礼拝の方向はメッカのカアバです。モスクの壁でもホテルの客室の天井などでも、メッカの方向（キブラ）を示す印がついています。

イスラム法

五行を行なっていれば、イスラム教徒としては基本の務めを果たしたことになります。が、イスラム教徒は五行のような宗教的儀礼のみならず、日常生活全般の規範に関しても、コーラン（やハディースと呼ばれるムハンマドの言行録）をもとに大々的な体系化を図りました。

コーランの教えに沿った生活規範の体系を、シャリーアすなわちイスラム法と言います。これは近代社会の六法全書のようなもので、民法、商法、刑法を備えた内容になっています。現代のイスラム諸国では、民法まわりを中心に部分的に運用するにとどめるのが普通です（つまり社会の法や刑法に関しては、西洋伝来の近代法が制定されている）。

イスラム法が扱っている分野を列挙しますと……

【儀礼】礼拝や浄めのしかた、喜捨、断食や巡礼の規定、割礼や結婚式や葬式のしかた、家畜の殺しかた、偶像崇拝の禁止など……

【家庭】結婚と離婚の契約のしかた、親子の認知や未成年の後見のしかた、遺産相続の割合など……

【社会】売買や贈与などに関する契約のしかた、利子の禁止、誓約のしかた、財産寄進のしかた、証言の扱い、信仰防衛の戦い（聖戦）の規定など……

【刑事事件】殺害や傷害に対する同害報復刑、姦通や飲酒や高額の窃盗などに対する身体刑、低額の窃盗や詐欺や賄賂などに対する矯正刑など……

我々の社会では法に関して弁護士に相談しますが、イスラムの場合は法学者に相談します。相談を受けた学者は典拠を掲げて答えを提示します。これをファトワーと言います。口頭のものも書面の回答もあります。ファトワーには強制的な執行力はありません。

イスラム法における判断は、義務から禁止までの五段階評価で示されます。たとえば礼拝は**義務**であり、必ず行ないます。自発的財産寄進は**推奨**であり、行なうのがよろしい。売買は**許容**であり、行なうか行なわないかは自由です。月経中の妻の離婚は**忌避**であり、行なわないほうがベター。殺人や窃盗は**禁止**であり、行なってはいけません。

ユダヤ教には複雑な食事規定がありましたが、**イスラムでは基本的に止められているのは豚肉くらいなもの**です。ただし作法にのっとって殺された肉以外は禁止（ハラーム）なので、特別な**ハラール食品**（イスラム法的に合法な食品）が世界中で買い求められています。ハラームとハラール、音が似ていますので要注意。

イスラムの二大宗派

イスラムの二大宗派について簡単に説明しましょう。教理の点でそんなに大きな違いはないのですが、歴史的な法統が異なっています。

ムハンマド亡きあと、彼の親類の者が政治的指導者として振る舞ってきました。これがカリフです。しかし、四代目カリフのアリーが殺害されたことをきっかけに、「アリーの党派（シーア・アリー）」を名乗る宗派すなわちシーア派が分離しました。

シーア派ではアリーの子孫をイマーム（指導者）と認めます。シーア派はイランとその周辺に広がっています（シーア派の最大分派は十二イマーム派ですが、他に、イスマーイール派、ザイド派、ドゥルーズ派、アラウィー派などもあります）。

他方、ウマイヤ家のムアーウィヤをアリーの次のカリフと認める者たちのほうがイスラム教徒の多数派でした。これが今日のスンナ派の始まりです（イスラム教徒全体の九割ほどが属する）。スンナ派には、保守的なものから自由裁量の大きなものまで、四つの法学派があります（ハナフィー、マーリク、シャーフィイー、ハンバルの四学派）。

なお、宗派とは異なるのですが、スーフィーと呼ばれる神秘主義者の活動が昔から盛んでした（スーフィズム、イスラム神秘主義）。イスラムといえばイスラ

イスラム教の二大宗派

スンナ派 (スンニー派) Sunni, Sunnite	信者全体の9割ほどを含む大宗派。 四つの法学派に分かれる。 ハナフィー学派(シリア・トルコ、中央アジアに多い) マーリク学派(北アフリカ西方など) シャーフィイー学派(アラビア半島南部や東南アジアなど) ハンバル学派(サウジアラビア公認) 方法や柔軟性など、学派間の違いは単純化できない。
シーア派 Shia, Shiite	いくつかの宗派を含む。 十二イマーム派(イランやイラクに多い最大分派。教理や習慣においてスンナ派と大きな違いはないが、独自の法学派をもち、過去の12代のイマームの権威、殉教者の記念行事、マフディー(救世主)待望などの特徴をもつ) イスマーイル派(シリア、イエメン、インドなど) ザイド派(イエメンに多い) ドゥルーズ派(レバノンなど。独自の教典や転生信仰をもつ) アラウィー派(シリアで政治的影響力が強い。キリスト教の影響があり、転生信仰をもつ)

ム法のように社会を取り仕切るしかけの部分が目立つのですが――だからイスラムの営みは非常に政治的な印象があります――逆に、瞑想中心の仏教にも似た形で、心の内面の道を開拓したのがスーフィーです。

アッラーへの接近を試みながらくるくる旋回するトルコの旋回教団（メヴレヴィー教団）は観光客にもよく知られており、日本にもやって来て公演しています。

イスラム世界では案外この神秘主義の伝統が根強く、**インド地域や東南アジアにイスラム教が広まっていったのも、この神秘主義の影響が大きかった**とも言われます（インドのヒンドゥー教は神秘主義的な宗教なので共鳴しやすかったのです）。

イスラム神秘主義

回転する宇宙になりきることで神との合一を果たすというメヴレヴィー教団。

西洋とのトラブル

西洋のキリスト教圏と中東のイスラム圏との関係が何かとギクシャクしていますが、基本的に、次のような要因があるようです。

第一に**教理的なズレ**があります。**ユダヤ教もイスラム教も戒律重視**の宗教です。戒律の多くは身体的な行動を制約します。これに対してキリスト教はもともとはるかに観念的であり、三位一体のような神秘的な教理を重んじる一方で、「信仰があれば戒律（律法）は二の次」と解釈する傾向が強いのです。

第二に**政治的な確執**があります。近代以降、西欧は帝国主義化し、中東を含めた世界中の政治に介入し、また植民地化してきました。二〇世紀になっても英仏列強が中東地域の国境を勝手に引きましたし、**ヨーロッパで差別されたユダヤ人がパレスチナで国家をつくって現地のアラブ人を追い出したりしたのも怨恨を残しました**。

各地に誕生した軍事政権を押しのけて民衆がイスラム国家を求めると、欧米人は**政教分離**の点から警戒します。ところがイスラムには政教分離という考え方がないのです。

第三に**世俗化**の問題があります。現在の西欧諸国は、キリスト教を原理として動いていません。教会の説く神話に耳を傾けず、道徳的プレッシャーをはねのけ、科学、テクノロジー、資本主義、世俗国家の統治を進化させたというのが、西欧発の「近代」だったのです。現代では公然たる無神論者も増えており、宗教全般に対する批判が強まっています。これと、宗教の戒律にどっぷりと浸りたいイスラム系の移民などの価値観が衝突するわけです。

二〇世紀の半ばまで、イスラム世界はあまり「目覚めて」おらず、西洋人のやっていることを様子見している雰囲気であり、むしろ軍事政権などが演出するナショナリズムが目立っていました。ところが一九七九年にイランでイスラム革命が起きます。

このあたりを境に、イスラム各地ではイスラム復興の機運が高まり、またイスラム法を国法化しようというイスラム主義も熱を帯びるようになりました。さらにカルト的なイスラム過激派の動きが活発化し、自爆テロなどが起きるようになりました（これについては第8章も参照のこと。↓234ページ）。

イスラム教徒のほとんどは穏健であり、過激派で全体の動向を見定めることはできませんが、**西洋式の近代社会との教理や信仰システム上のズレが緊張をもたらしやすいことは確か**です。これが今後どうなっていくかは、何とも言えません。

コラム

コーラン

イスラム教の教典はコーラン（クルアーン）です。聖書（旧約聖書や新約聖書）は無数の著者たちによって書かれたものを編纂した全集型の本ですが、コーランはムハンマド一代で成立したものです。

ですから聖書よりもずっと短く、コンパクトです。聖書よりも新しい時代に成立していますので、神話めいた部分は比較的少なく、イスラム共同体に対する、より実務的な社会的・政治的・宗教的な神の諭しの集積となっています。

ムハンマドはその時々の共同体の要請に応じて、神の託宣をしました。その言葉は信仰仲間（教友）たちが暗記しました。ムハンマドの死後、神の言葉が失われるのを恐れて、文字に起こして編纂が行なわれ、コーランが成立しました。メッカとメディナにおけるさまざまな啓示が、概ね塊として長いものから集められて章立てされています。

章にはたとえば「雌牛」のようなタイトルがつけられていますが、啓示の内容とは関係ありません。たまたまその章にだけ「雌牛」という言葉があったので、符牒でそう呼んだといったようなものであるようです。

なお、コーランとはアラビア語の原典のみを指すとされます。英語や日本語などに翻訳したものは、あくまでも注解書の扱いとなります。礼拝における祈りなどもアラビア語で行なわれています。

コーランの印象深い言葉をいくつか記しましょう。

正しく仕えるということは、あなたがたの顔を東または西に向けることではない。つまり正しく仕えるとは、アッラーと最後の（審判の）日、天使たち、諸啓典と預言者たちを信じ、かれを愛するためにその財産を、近親、孤児、貧者、旅路にある者や物乞いや奴隷の解放のために費やし、礼拝の務めを守り、定めの喜捨を行ない、約束した時はその約束を果たし、また困苦と逆境と非常時に際しては、よく耐え忍ぶ者。これらこそ真実な者であり、またこれらこそ主を畏れる者である。（二177）

――六信五行の一部を含む教えの要点がコンパクトにまとめられています。

不当に孤児の財産を食い減らす者は、本当に腹の中に火を食らう者。かれらはやがて烈火に焼かれるであろう。（四10）

――弱者保護と、来世の審《さば》きの思想が簡潔に述べられています。

あなたがたに戦いを挑む者があれば、アッラーの道のために戦え。だが侵略的であってはならない。本当にアッラーは侵略者を愛さない。（二190）

——聖戦の規定は、戦闘員以外との戦争を禁じる戦時国際法の奔《はし》りです。

（『日亜対訳　注解　聖クルアーン』日本ムスリム協会）

第5章

ヒンドゥー教

―輪廻の宗教

インド生まれの宗教

中東生まれの一神教は、教えがわりとコンパクトにまとまっていました。神様も一柱だし、ポケットに入るくらいの大きさの教典もしっかり定まっています。これに対して、インドや東アジアの宗教は、ジャングルの生態系のように複雑です。多神教であり、神々が植物のように繁茂しているのです。教典の数も漠然としています。

インド半島の各地で伝統的に奉じられてきた宗教や宗教的習慣をひとまとめに「ヒンドゥー教」と呼びます。**「ヒンドゥー」とはインドのことに他なりません**。インドでは他にジャイナ教（※1）、仏教、シク教（※2）が生まれましたが、この三つの宗教は独自路線を歩んだので、ヒンドゥー教から外して考えるのが慣例となっています。とはいえ、インド生まれの宗教は互いによく似ています。たとえば、いずれも輪廻《りんね》転生《てんしょう》を教えの根幹に据えています。

ヒンドゥー教の教えは、輪廻と解脱の二元論として整理できるでしょう。**人間は原則として幾度も幾度も生まれ変わります（輪廻転生）**。善いことをすると好ましい生に生まれなおし、悪いことをするとランクの落ちる生に生まれ変わるのです。こうした浮き沈みが煩わしいと感じる者に勧められるのは、神々の信仰と自力の瞑想です。

敬虔なるヒンドゥー教徒は、自分がとくに尊崇する神を徹底して拝むか、瞑想に励みます。それは信者を輪廻の浮き沈みを超えた世界へと導きます。これが解脱です。悟りと言っても天国行きと言ってもいいでしょう。

輪廻と解脱、そして神々の信仰という基本の構図を念頭に、以下の解説をお読みいただきたいと思います。

※1　ジャイナ教…前五世紀のマハーヴィーラ（ヴァルダマーナ）を開祖とする輪廻からの解脱を目指す宗教。仏教より戒律が厳しく、虫も殺さぬよう農業を避け、商人になる者が多い。信徒数は少ないがインドにおける影響力は大きい。

※2　シク教…グル・ナーナク（一四六〇～一五三八）を開祖とする宗教。輪廻を信じるが、イスラム教のように神を唯一の存在とし、偶像崇拝やカーストを否定する。男性信徒の一部のターバン姿がよく知られる。全世界に二千万人の信徒がいる。

太古の婆羅門教

紀元前二千年紀に、今のアフガニスタンの方角からインド・ヨーロッパ語族（印欧語族）に属する言語を話す民族がインド半島にやって来ました。彼らは征服民族として君臨し、この地域の言語を大きく変えました。

インドの言葉とヨーロッパの言葉は、ともに印欧語族に属するので、共通の語をもっています。たとえばインドの火神アグニという名前は英語のイグニション（点火装置）と同源です。

宗教的には、征服民のものと土着民のものとが混交したようです。英雄神インドラ（帝釈天）の信仰は征服民由来のものです。坐って瞑想するヨーガの実践は土着民の習慣だったようです。土着民はかつてインダス文明という都市文明をもっていました。その遺跡から出土した印章に、ヨーガのように坐っている神様の像が彫られています。

ヒンドゥー教の最も古い段階のものはしばしば「婆羅門教」と呼ばれます。それは婆羅門（ブラーフマナ）と呼ばれる司祭階級が幅をきかしていたからです。婆羅門は神々に五穀豊穣などを祈るのですが、あたかも婆羅門自身のマジカルなパワーが神々を動かしているかのように信じられていました。

婆羅門はたくさんの祈りの文句や賛歌を暗記しました。それらを書物へとまとめたのが『ヴェーダ』です。『ヴェーダ』は後世ヒンドゥー教の教典となりました。

梵我一如

『ヴェーダ』の中には哲学的な文献も入っています。それを読むと、太古の哲人たちが宇宙と人間の本質に思いをめぐらしていることが分かります。『ヴェーダ』の思想は一つの結論に達しました。それは、「人間の本質であるアートマン（我）は、宇宙の本質であるブラフマン（梵）と一致する」（梵《ぼん》我《が》一如《いちにょ》）という思想です。

宇宙の本質と言っても何のことか判然としないのですが、**なにか霊的なエネルギーのようなもの。それと人間が本質的にはイコール**だというのです。言い換えれば、悟ってしまえば人間はカミのようなものだということでしょう。

これ以後のインド思想の目標は、この梵我一如の真理を理論化し、また瞑想などの実践を通じて体現することに向けられるようになりました。

仏教の隆盛とヒンドゥー教の勃興

紀元前五世紀前後は、世界中で社会の大きな再編が起きた時期です。中国でもインドでもギリシャでも、都市国家どうしが戦争を続けました。そうした中、伝統的な宗教も懐疑にさらされるようになり、人生の本質について自由に考察する思想家が輩出しました。中国の孔子や老子、インドのマハーヴィーラ（ジャイナ教の開祖）や釈迦、ギリシャのソクラテスやプラトンなどです。

インドの自由思想家たちはもはや婆羅門の権威も神々の救済パワーも信じていませんでした。マハーヴィーラも釈迦も自らに戒を課して修行をすることで、自力で道を開こうとしました。自由思想のうち仏教はかなりの勢力をもつようになり、中央アジア、中国、チベット、東南アジアなど、インドの域外にも広まりました。

こうした時代がしばらく続くのですが、**農村部では昔ながらの婆羅門と神々の尊崇が保たれ、それが五世紀頃にインド宗教の主流派に返り咲きました**。これが今日まで続くヒンドゥー教の起源です。

婆羅門教時代との違いは、まず、神々の顔ぶれの変化です。ヒンドゥー教で信仰を集めたのはヴィシュヌやシヴァといった神々ですが、これらは『ヴェーダ』には曖昧にしか言及されていません。逆に、インドラ信仰などは衰退しました。仏教などの戒律修行の技法はヒンドゥー教にも取り込まれました。こうしてヒンドゥー教が、神々の信仰から自力の修行までの幅広いオプションを備えた大伝統となったとき、仏教の独自性は薄れ、インドでは自ずから衰退していったようです。

ヒンドゥー教徒の人生の目標

ヒンドゥー教の世界観の基本にあるのは輪廻です。人生は一回きりのものではありません。今の人生を大過なく終え、来世をよくしなければなりません。それには次の三つの目標を達成することが大事だとされています。

第一は、ダルマ（社会規範）を守ることです。『マヌ法典』などに記されている儀礼や身分に応じたライフスタイルを守ることです。それによれば、理想的人生とは『ヴェーダ』を学ぶ学生期、結婚して家庭を築く家住期、俗世を離れて森林などに暮らす林棲期、各地を遊行する遊行期の四つから成るものです（四住期）。なお、カースト制度（上から婆羅門、王族、庶民、隷民と区分され、さらに数千もの職能集団に分かれる）も、こうした社会規範の中に入っていましたが、そうした社会の垣根や身分差別は今日では否定されています。

第二は、アルタ（物質的な利益）を求めること。政治や経済での成功です。

第三は、カーマ（性愛や種々の文芸）を洗練させること。

これらを求めるのが一般的な人生目標ですが、その上に聖なる目標がありま す。それは輪廻転生という煩わしい現象界を超越してしまうことで、モークシャ（解脱）と呼ばれます。行者のようにしてヨーガ三昧に生きることによっても、神々へのバクティ（信愛）を尽くすことによっても、解脱は可能であるとされます。

ヒンドゥー教は、地域ごと、村ごとの通過儀礼や年中行事に彩られています。有名な祭礼としては、春に行なわれる豊穣祈願祭ホーリー（魔女の人形を焼いて穢れを清め、色付きの粉をみなでかけあって大騒ぎをする）、秋に行なわれるダシャハラー（ドゥルガー女神を参拝したりヴィシュヌ神の化身ラーマを祝ったりする）およびディーワーリー（たくさんの灯明をたて、女神ラクシュミーを招いたりする）などがあります。

人気のある神々

ヒンドゥー教は多神教ですが、なかでもヴィシュヌとシヴァの人気が信者を二分しています。どちらの信者も自分が拝む神こそが「最高神」としています。といって、両派が喧嘩することはありません。

ヴィシュヌはわりに温和な神で、たくさんの化身をもつことで知られています（化身の中にはブッダもいます）。最も人気のある化身はクリシュナとラーマです。

クリシュナは叙事詩『マハーバーラタ』の中の哲学詩「バガヴァッド・ギーター」に出てくる神です。神は武将アルジュナに対して、自己の本分を尽くすことが解脱への道だと説きます。インド建国の父マハトマ・ガンディーが「バガヴァッド・ギーター」を奉じて、非暴力闘争という自らの道を貫いたことはよく知られています。

ラーマは叙事詩『ラーマーヤナ』の主人公で、魔王にさらわれた妃シーターを救出します。猿の将軍ハヌマーンが活躍するのですが、これは孫悟空のモデルになったと言われています。

シヴァは自ら修行に励む神で、神々のために献身する神でもあります。破壊の死の神であると同時に、生殖と豊穣の神でもあるという矛盾した性格をもっていますが、これは自然が暴風雨として破壊をもたらすと同時に実りの雨も降らすことの比喩かもしれません。足を上げて舞踏するシヴァの神像は、破壊と創造のリズムを表すと言われます。

なお、シヴァにはガネーシャと呼ばれる象頭の息子がいます。これは富や学問の神です。

インドでは女神たちもたいへんな尊崇を集めています。宇宙のパワーは女性的エネルギーとして形をなします。魔的なパワーをもつ女神としては、シヴァの妃ドゥルガー、その強化バージョンとしてのカーリーと呼ばれる女神が人気を集めています。シヴァにはパールヴァティー（ヒマラヤの女神）という妃もいます。ヴィシュヌの妃はラクシュミー（吉祥天、豊穣と幸運の女神）、宇宙を表すブラフマー神の妃はサラスヴァティー（弁才天、学芸の女神）です。

ヒンドゥー教の神々

クリシュナ　ヴィシュヌ神の化身で、横笛をもつ青い肌の少年・青年の姿で描かれることが多い。ヴィシュヌ神の化身では他にラーマ王子の尊像が有名である。

踊りの王シヴァ　シヴァ神はしばしば、このように宇宙的なリズムのダンスを踊る彫像で描かれる。

コラム

バーガヴァタ・プラーナ

ヒンドゥー教には、聖書やコーランのような、すべての信者が共有しているコンパクトにまとまった教典はありませんが、権威ある聖なる文献はあります。婆羅門教時代の神話的な祈祷文などをまとめた『ヴェーダ』と総称される文献や、戒律的規範を記した『マヌ法典』、哲学派の基本的文献、神々の神話を記した『プラーナ聖典』と呼ばれるもろもろの文献、そして『ラーマーヤナ』などの叙事詩がそれです。

ヴィシュヌ派の一派に属するものです。インドの民衆に愛誦されているという『バーガヴァタ・プラーナ』の一節を見てみましょう。

神秘力の主クリシュナは　それぞれの女のそば近く、（輪になって並んだ）女たちの　いずれのふたりのあいだにも　はいって、うなじにその手をかけ、牧女たちの描く輪が　色どりそえて、ラーサとよばれる　祭り騒ぎははじまりました。

……足をふみ、手をふり動かして　ほほえみ、眉で媚態をつくり　腰美わしく、胸衣《むなぎぬ》はゆれ　耳の飾りは頬にゆらぎ　面《おもて》に汗し、髪結びも解け、クリシュナを愛する女たちは　彼をたたえてうたいながら　たたなる雲に稲妻が映えるように輝きました。

……彼（クリシュナ）の手足にふれて　五感も歓喜に満たされた　ヴラジャの村の女たちは　花環も装身具も乱れ落ち、クル族の最高者（なる王様）、髪のほつれも薄帛布《うすぎぬ》も　乳房をおさえる胸衣も　すぐにはととのえられませんでした。

（『世界の名著1　バラモン教典　原始仏典』三一二～三一四ページ）

これはヴィシュヌ神が化身した青年神クリシュナを信愛する牧女たちの様子を描いたものですが、信仰も官能的な恋愛もすれすれの関係にあることを教えてくれるものとなっています。

第6章

仏教

―悟りの宗教

輪廻と解脱——ヒンドゥー教との共通点

仏教は紀元前五世紀頃のインド人、釈迦《しゃか》が始めた宗教です。インドの一般民衆は先祖伝来の神々を信じ、司祭階級である婆羅門の権威に服していましたが（原始ヒンドゥー教＝婆羅門教）、その伝統から一歩距離を置いたのが釈迦に始まる仏教の伝統です。釈迦の運動は、自己の心を研ぎ澄ます修行に強みと新しさがありました。

開基以来数百年間、このエリート主義的な修行の宗教はインド宗教の精華として活発に奉じられていたのですが、やがて民衆的な神々の信仰（ヒンドゥー教）が盛り返して、その大波に呑まれる形で仏教はインド本国から姿を消しました。後一三世紀頃のことです。

仏教はインド国内では消失しましたが、国外ではその輪郭を保ち続けました。スリランカやインドシナ半島（ミャンマー、タイ、カンボジアなど）では初期仏

図10　仏教発祥の地と現在の仏教各派の分布

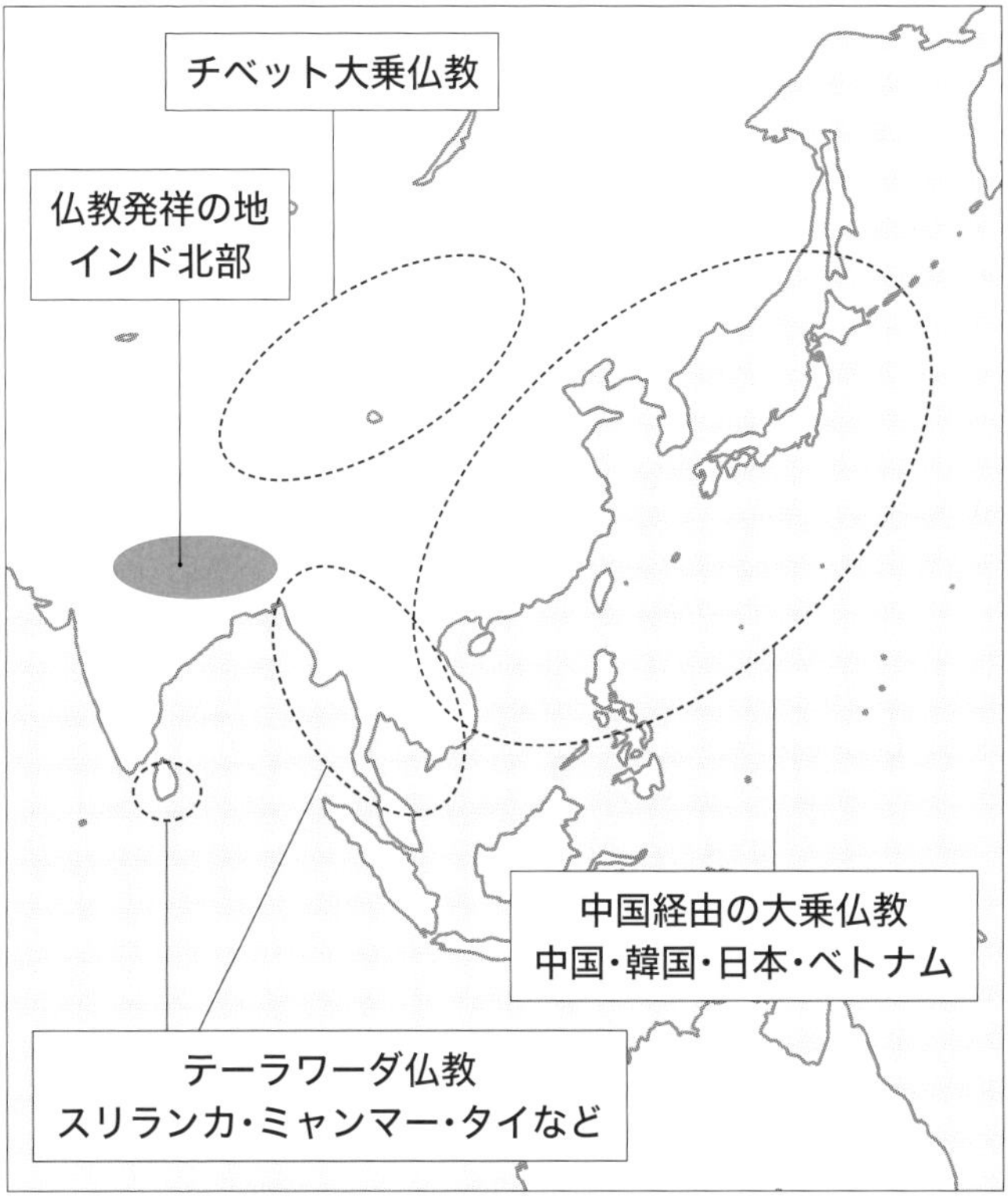

教に近い形態を保つテーラワーダ仏教が存続しています。チベットや中国本土、ベトナム、韓国、日本では多神教化した大乗仏教《だいじょう》が存続しています。

仏教の世界観の基本は輪廻転生です。いつまでも繰り返す転生の浮き沈みを厭わしいと感じた者は、修行や信仰によって自らを高め、輪廻の浮沈に超越した心を養っていく。この解脱の道を完成させた者が開祖の釈迦であり、釈迦はブッダ(目覚めた者)という称号を得ました。

輪廻vs解脱の二分法からなる世界観はヒンドゥー教と共通しています。ただ、具体的な修行の方法や礼拝の対象などが異なっているのです。概してヒンドゥー教のほうが民衆的な土俗性を保っており、仏教のほうが伝統へのコダワリがなく、理論的で、おかげでインド国外にどしどし輸出することが可能でした。

神よりも悟った人間のほうが上

釈迦の本名はガウタマ・シッダールタです。ガウタマが姓、シッダールタが個人名ですから日本人の名前と同じ順番です。古代インドのシャーキャと呼ばれる小さな民族の王子として生まれ、修行者となり、悟りをひらいたとされます。シャーキャ族から出てきた聖者（ムニ）という意味で、シャーキャムニ、釈迦牟尼《しゃかむに》との通称を得ています。日本では伝統的に「釈尊《しゃくそん》」とか「おしゃか様」とか呼ばれてきました。

ブッダというのは「目覚めた者」つまり「悟りをひらいた者」という意味の称号です。誰でも悟ればブッダを名乗っていいのですが、伝統的には仏教開祖の釈迦に特別に与えられた称号となっています。

東洋宗教では、天空の神々よりも、宇宙と人生の理法を悟った人間のほうを上とみる伝統がありますが（↓37ページ）、仏教はその典型です。仏教の世界観では、インドの神々よりブッダである人間・釈迦のほうが格がはるかに上です。

伝説では、釈迦が菩提樹の下で悟りをひらいたとき、「世の中の人はこの霊妙な悟りを理解しようともしないだろう」と思って、そのまま涅槃という一種の異次元空間に入ってしまおうかと考えていたところ、宇宙そのものを体現した神である梵天（ブラフマー）が現れて、「それでは人々の救いが得られない」と言って、弟子をとって教えを広めるように懇願したということになっています。

これは、神頼みせずに人間が自分で悟りをひらくことを目指す仏教の理念を表す神話であると同時に、ヒンドゥー教（婆羅門教）に対する仏教の優位を告げる神話ともなっています。

ともあれ、仏弟子つまり釈迦に帰依した者たちは、ヨーダのもとで修行を重ねるルーク・スカイウォーカーよろしく、師の指導に従って自己を研ぎ澄ますことに努めました。これは「信仰」というよりも「修行」と呼ぶのにふさわしい行為です。仏教は基本的に、修行の宗教なのです。

煩悩と悟り

では、修行を積んでどういう境地を目指すのでしょうか？　基本的には、欲望に踊らされた煩悩《ぼんのう》（迷い）だらけの心を卒業して、何にも囚われのない心を養うこととされます。

たとえば、何かが欲しくてたまらないというとき、神頼みしてそれを得ようとするのではなく、欲望そのものを観察して、それに意味がないことを悟っていくのです。そうして自分の心を欲望の重荷から解放していくわけです。

子供が「あれ買って」「これ買って」と泣きわめいていても、大人から見れば、玩具などすぐに飽きてしまうのは見え見えです。ところが、ブッダに言わせれば、子供のわがままを冷めた目で眺めている大人だって、心の中身は似たようなものなのです。

無闇に金が欲しい、地位が欲しい、権力が欲しい、と、玩具のレベルがアップしただけであると。だから**もっと大人になって――つまり悟りをひらいて――自分の心に騙されないようにしましょう**、ということになります。

釈迦のロジックは神学的というよりも心理学的あるいは神経生理学的であると言えるでしょう。悟りの道は味気ないと思われるかもしれませんが、真理の一面をついていることは間違いありません。

仏教というと、じっと坐って「無！」とか「空！」とか言うお坊さんの姿が目に浮かびます。自分の欲望にも、欲望の対象である世の中のもろもろの事物にも、執着すべき実体がないということを悟るのが仏教の目標です。だから「無」「空」という言葉が多用されます。

心は常に欲望に囚われていきますが、そのたびごとにハッと悟って「無」「空」というデフォルトに心の設定を戻していく――これは口で言うのは易しいけれども実際にやってみるとなかなか大変なワザです。だから年がら年中坐ったり読経したり鍛錬を積む必要があるのであると。

中道

伝承によれば、シッダールタ王子は、いかにも王子様らしく、複数の御殿で何の苦しみもない生活を送っていました。というか、お父さんの王様がそのように配慮していたのです。しかし、鋭敏な王子は、人生には老・病・死という苦しみがつきものであることに悩み、その不安を超越するための鍵となるものを発見せんと、林の中での苦行に励みました。

しかし、苦行をやって身体を痛めつけても、何の進展も得られないことを知り、苦行もやめてしまいました。

そして、菩提樹の下に坐って、ただひたすら現実を観察することで、苦に囚われない秘訣を悟り、ブッダとなったとされます。

この伝承は、そのまま仏教教団の根本方針を表すものとなっています。

つまりこうです。①釈迦は王家で快楽三昧の暮らしをしていた。②次に森で苦行に明け暮れた。③しかしどちらも人生の答えではなく、快楽と苦行のどちらにも走らない、冷徹な観察の道――中道《ちゅうどう》――によって悟った。

自分の欲望を甘やかすのもいけないし、自分を痛めつけるマゾに走るのもいけない、単に当たり前に現実的であれ、ということです。

ジブリアニメ『千と千尋の神隠し』を見ていたら、さわやかな朝のひろびろとした海原を江ノ電のようなひなびた電車が進むシュールなシーンがありましたが、その電車の先頭にある行き先表示が「中道」となっていました。

神隠しにあった主人公の女の子、千尋は、ブラック企業のようなお湯屋で働かされています。これが苦行。お湯屋はお客はあくどい料理を食べまくり、従業員がお客にお金をせびる快楽の世界。そのドロドロの世界から抜け出たとき、さわやかな中道が現れる……これは宮崎駿監督のウィットでしょう。興味のある方はＤＶＤでお確かめあれ。

初期仏教の修行カリキュラム

釈迦は相手に応じて臨機応変に教えを説いていたとされます。しかし弟子が増えて教団化していくにつれ、修行のプログラムが整備されていきました。また、戒律も整備されました。

初期の仏教教団が整備した修行のプログラムを、今日のスリランカやタイの仏教――テーラワーダ仏教――が継承しています。プログラムの中核は八正道《はっしょうどう》――悟りのための基本八箇条――です。

①正見《しょうけん》………「四諦《したい》」という根本方針を理解する
②正思《しょうし》………思考の慎み：怒りや害意を離れた思考をする
③正語《しょうご》………言葉の慎み：嘘や中傷や軽口を避ける
④正業《しょうごう》………清い暮らし：殺生・盗み・邪淫を避ける

⑤正命《しょうみょう》………清い暮らし：適切な生活手段とシンプルライフ
⑥正精進《しょうしょうじん》……努力の方向性：悪を抑え、善を涵養《かんよう》する
⑦正念《しょうねん》………瞑想：心身を観察する
⑧正定《しょうじょう》………瞑想：正しく精神統一する

ここで①に出てくる「四諦」とは、①苦諦《くたい》（人生の苦を見据える）、②集諦《じったい》（苦の原因である煩悩を見据える）、③滅諦《めったい》（苦を滅することを目指す）、④道諦《どうたい》（そのための道である八正道を忘れない）という四箇条のことです。医者の診断にたとえれば、苦諦は病気の特定、集諦は病因の特定、滅諦は治療目標、道諦は治療方針ないし処方箋です。

八正道を具体的に保持するための集団生活用の規則が、出家者の二百を超える戒律です。スリランカやタイのお坊さんはそうした戒律に沿って暮らしています。在家者の場合はもっとシンプルに次の五戒を努力目標とします。

①不殺生戒《ふせっしょう》……生物を殺さない、殺しを容認しない
②不偸盗戒《ちゅうとう》……与えられないものを盗らない
③不邪淫戒《じゃいん》……淫行を回避する（他人の配偶者を犯すなど）
④不妄語戒《もうご》……嘘を言わない
⑤不飲酒戒《おんじゅ》……酒を飲まない

大乗仏教の派生

西暦紀元一世紀にユダヤ教からキリスト教が派生しました。同じ頃、インドでは初期仏教から大乗仏教が派生しています。同じ時期の出来事ですから、キリスト教と大乗仏教にはある程度の類似性があります。これについてちょっと説明しましょう。

ユダヤ教や初期仏教は、比較的狭い範囲の人間の救いに限定されていました。しかし**キリスト教や大乗仏教は、幅広い救いを目指しています**。

キリスト教によれば、ユダヤ教の多数の戒律を守らなくても、キリストを信仰しさえすれば人間は救われるとされています。大乗仏教は「大きな乗り物」という名前に表れているように、一般民衆に平易な救いの道を開こうとしています。たとえば、釈迦の骨（仏舎利）を祀った仏塔を拝むという形で、ブッダとの機縁を結ぶだけでも、やがては悟りに至るというふうに。

キリスト教はローマ帝国という巨大帝国が成立した時代に生まれた宗教です。ローマ軍は地中海地方全域を制覇し、多様な民族が混然と暮らす社会をもたらし（今日のグローバル社会のプチ版）、先祖伝来の神々の救いから漏れた根無し草の人々を生み出しました。彼らに救いを提供したのがキリスト教だったのです。

インドでもクシャーナ朝という異民族支配の国家が生まれ、ローマとの交易で暮らす商人が活躍するようになり、古くからの農村社会の秩序が動揺していました。大乗仏教は主に都市の市民に支持されたようです。

いずれにせよ、経済や社会が発展して巨大帝国が生まれたことによって、今日まで続く大宗教が生まれるようになったというふうに考えていいでしょう。

大乗仏教は、「大きな乗り物」を称するだけあって、内容的には種々雑多なものを含んだ、多様性に富んだシステムとなっています。

本来ブッダはほとんど釈迦だけを指す限定的な称号だったのですが、この時代には、宇宙中に無数のブッダ（**諸仏**）がいることになっていました。それらのブッダのパワーを信仰すれば救われるというわけです。

では、修行の宗教はどうなってしまったのかというと、もちろん釈迦にならう修行は続けるのです（**自力**の修行）。しかし、**もし厳しい修行ができなくても、諸仏を拝むことで心に安らぎが得られれば、それが悟りの第一歩**である（他力の信仰）——そんなふうに解釈されます。

大乗仏教の見方によれば、出家集団の中で修行三昧で暮らしている者たちだって、けっこう煩悩だらけである。つまり「俺はエリートだ」という驕りに酔いしれている。だから、諸仏を拝むだけでたいして修行もしない一般民衆のことをそう馬鹿にしてはいけない。志さえ高ければ、エリートの道も民衆の道も、行き着く先はいっしょだと思えばいいではないか——そんなことを神話や例え話を用いて説くのが大乗仏典の**法華経**（妙法蓮華経）です。法華経は万人の修行完成（成仏）を予言したありがたいお経として知られています。

多神教としての姿——諸仏・諸菩薩の信仰

大乗仏教は「ほとんど多神教」です。「ほとんど」というのは、「神」にあたる存在が仏や菩薩と呼ばれており、神とは呼ばないからです。しかしこれは歴史のいきさつからそうなったものであり、実質的には仏も菩薩も神のような存在です。

キリスト教との比較を続けますと、キリスト教と仏教とでは、ある意味で正反対の「進化」の道をたどっていると言うことができます。つまり、聖書の伝統では、旧約（ユダヤ教）時代の天上の神が、新約（キリスト教）時代に至って、人間の姿をとって（つまりキリストとして）出現したと言えます。

仏教の歴史では、逆に、明らかに人間であった釈迦がいつの間にか宇宙的なブッダ（はるか過去に出現しはるか未来まで存在し続ける一種の神的存在）に神格化されています。片方は神が人になった宗教、片方は人が神になった宗教と言えるでしょう。

大乗仏教では釈迦の他にも宇宙には無数のブッダがいることになっています。たとえば**薬師如来**《やくしにょらい》というブッダがいます。「如来」は「ブッダ（=仏陀、仏、ほとけ）」とほぼ同じ意味をもつ称号です。これは薬のカミサマです。教えを説く釈迦が人々を癒す医者のようだという比喩から生まれたカミサマです。

非常に人気の高いブッダは**阿弥陀如来**《あみだにょらい》（阿弥陀仏）です。鎌倉の大仏さんは阿弥陀如来ですし、浄土宗、浄土真宗、時宗といった日本の宗派は、このブッダの救いを求める宗旨です。ブッダは普通、浄土（ユートピア）に住んでいるとされましたが、阿弥陀が自分の念力でひねりだした浄土も非常に人気が高い。すなわち西方はるか彼方にあるという**極楽浄土**です。

阿弥陀の浄土に行こうという信仰は、本来悟りを目指す仏教としては少し変則的なところがあり、むしろ世界中にあるユートピア信仰に近いものだとも言われます。古代のギリシャでは西の彼方にエーリュシオンという浄土があると噂されていました。エジプト人もオシリスという冥界神の浄土に行くことを信じていました。

インドの阿弥陀信仰では、ひとまず阿弥陀の極楽浄土に生まれ変わって、そこで修行をしようというビジョンが語られていました。浄土に行っても修行するというのが仏教らしいところです。この世はあまりに苦しい世界（穢土《えど》）なので、もっとラクなところに行ってラクに修行したいという民衆の切実な願いに応えたもののようです。

東大寺の大仏は毘盧遮那《びるしゃな》如来です。これは華厳経という仏典に説かれるブッダで、悟りの宇宙のシンボルのような存在です。毘盧遮那はのちに大日如来となり、あとで説明する密教などで尊崇されます。

ブッダ（諸仏）はまだまだたくさんいます。

ブッダだけでも多いというのに、インド人の空想力はさらに多数の「ブッダ候補生」のイメージを生み出しました。これを菩薩《ぼさつ》と呼びます。インドの言葉ではボーディサットヴァ、漢字に直して菩提薩埵《ぼだいさった》、略して菩薩となります。

ボーディサットヴァというのは、もともとは開祖の釈迦の王子時代の称号です。悟ってからの王子はブッダ（目覚めた者）という称号で呼ばれます。悟る前にその称号を使うわけにいかないので、こちらのほうはボーディサットヴァ（目覚めに向かう存在、くらいの意味）と呼ばれるわけです。

で、のちのちブッダが多神教の神々のようになったとき、ブッダになろうとする聖者たちのイメージも増殖し、いずれも菩薩という称号をもつようになったのです。

菩薩として有名なのは、何といっても観音菩薩《かんのん》（観世音菩薩《かんぜおん》、観自在菩薩《かんじざい》）でしょう。救いを求めれば必ず救ってくれるというありがたいカミサマです。観音はさまざまな姿に変身して救済者として出現するとされます。インドの原語では観音を意味するアヴァローキテーシュヴァラは男性名詞なのですが、女性にも変身します。

のちに中国では観音信仰に道教の女神のイメージが混線して、以後、中国人も日本人も観音様は女神様だと思うようになりました。観音像としては、十一の顔をもつ十一面観音や千本もの救いの手をもつ千手観音など、多種多様なものがあります。

観音と並んで人気が高いのが地蔵菩薩《じぞう》です。これはインドの大地の神様が仏教世界に紛れ込んだものですが、地獄に堕ちても救ってくれるというイメージがあります。弥勒《みろく》菩薩はただいま天界で瞑想中の菩薩です。やがて――といっても

仏教　如来と菩薩

如来像は開祖の釈迦がモデルとなっており、修行者らしく無装飾の布を身にまとう。頭髪は螺髪《らほつ》という「アフロヘアー」状の表現である。写真は鎌倉の大仏（阿弥陀如来像）。

菩薩像は王子時代の釈迦がモデルで、飾りのついた衣服を着たものが多い。写真は千手観音菩薩像。この像に見られる多数の手は救済の熱意を表している。

五十六億七千万年後という途方もない未来にですが——地上に降りてブッダになるんだとか。弥勒の救済を願う信仰もかつては盛んでした。頭のいいことで有名なのが**文殊菩薩**《もんじゅ》です。大乗仏教の哲学少年です。

他にもまだまだ無数の菩薩がいます。彼らはみな架空の存在です。仏教の提供する「救い」は本来であれば、冷静になって悟ることであったはずで、病気治しだの危険の回避だのを意味するものではなかったのですが、一般民衆が求める身体的・物理的・現世的な救いや恵みを菩薩たちは授けてくれるようになりました。

これは**キリスト教において、無数にいる守護聖人を拝めば何らかのご加護があるとされているのに似ています**。恋愛成就などでキリストに頼むのは畏れ多い。だから聖バレンタインなどに願っちゃおう。同様に、悟りすましたブッダよりも菩薩のほうがおねだりをしやすいということもあったようです。

なお、多神教化が進む大乗仏教は、**明王**《みょうおう》（不動明王、愛染明王……）や**天**（帝釈天、弁才天……）といった存在もカミサマとして取り込みました。明王は呪文

仏教　明王と天

明王像の多くは、忿怒（ふんぬ）の表情をもち、火炎を背後にもつ姿で描かれる。煩悩を払い、不信心者を教化する存在である。写真は不動明王像。

「～天」と名のつくのはヒンドゥー教の神が仏教のガード役となったもの。写真は毘沙門天像。

のパワーが化身したもので、怖い顔に描かれるのですが、我々の煩悩などを退散させます。天はヒンドゥー教の神々がそのまま仏教の守護者となって取り込まれたものです。たとえば帝釈天はインドラ神、弁才天はサラスヴァティーという水と学芸の女神が本来の姿です。

東アジアへ

大乗仏教は無数の信仰対象のみならず、さまざまな思想も生み出し、次第に宗教のデパートのようになっていきました。インド大乗仏教はやがて、マジカルな儀礼を通じて修行者自身を宇宙的なブッダに合体させてしまおうという密教へと変化します。

小宇宙（ミクロコスモス）としての生身の人間が儀式を行なっている間に大宇宙（マクロコスモス）と一つになる——即身成仏——というなかなかファンタ

仏教の二大宗派

テーラワーダ仏教 Theravada Buddhism	スリランカ、ミャンマー、タイ、カンボジアなど	パーリ語の教典を用いる。 釈迦時代の仏教に最も忠実とされる。出家者への尊崇が強い。
大乗仏教 Mahayana Buddhism	チベット、モンゴルなど	インドで成立した大乗仏典をチベット語訳して用いる。 密教であり、ラマと呼ばれる僧侶を尊崇する。ダライ・ラマなどを指導者と仰ぐ。
	中国、ベトナム、朝鮮半島、日本など	インドで成立した大乗仏典を漢訳して用いる。 中国における解釈が大きな役割を果たし、孝を説くなど、しばしば独自の発展をしている。 中国では浄土信仰と禅が融合した形で実践される。 日本では小宗派がたくさん分かれている。

現代日本の主要な仏教宗派

信仰内容	宗派	宗祖	よく知られた寺院
密教	真言宗	空海（774～835）	高野山金剛峯寺（和歌山県）、東寺（京都府）、善通寺（香川県）、成田山新勝寺（千葉県）
密教／法華信仰	天台宗	最澄（767～822）	比叡山延暦寺（滋賀県・京都府）、寛永寺（東京都）、中尊寺（岩手県）
法華信仰	日蓮宗	日蓮（1222～1282）	身延山久遠寺（山梨県）
浄土信仰	浄土宗	法然（1133～1212）	知恩院（京都府）、増上寺（東京都）
	浄土真宗	親鸞（1173～1262）	西本願寺、東本願寺（京都府）
	時宗	一遍（1239～1289）	遊行寺（神奈川県）
禅	臨済宗	栄西（1141～1215）	建仁寺、妙心寺（京都府）、建長寺、円覚寺（神奈川県）
	曹洞宗	道元（1200～1253）	永平寺（福井県）、總持寺（神奈川県）

ジックな宗教です。この密教はそのままチベットに伝わっています。

中国では、無数の仏典を漢語に翻訳するという事業が千年にわたって続けられました。やがて、ごちゃごちゃの資料を整理して大乗仏教の奥義を再構築するということが行なわれるようになりました。さらに儒教や道教、その他のもろもろの中国的な思想や習慣が融合していきました。こうして成立した中国仏教を日本人はそのまま「釈迦の教え」として受容しました。

中国のフィルターを通して日本に定着した大乗仏教は、概ね次の五つのパターンにおさまっています。

①南都六宗……奈良時代までに定着した六種の学問仏教。三論《さんろん》宗、法相《ほっそう》宗、成実《じょうじつ》宗、倶舎《くしゃ》宗、華厳《けごん》宗、律《りつ》宗の六つですが、ここでの「宗」は教理の科目を意味するものであり、今日でいう信仰の宗派ではありません。東大寺は華厳宗すなわち華厳経を研究する学問所であり、そのシンボル的存在が華厳経の説く精神的宇宙

のブッダである大仏（毘盧遮那如来）、盧舎那仏《るしゃなぶつ》です。

②密教……空海《くうかい》（七七四〜八三五）がはじめた真言宗《しんごん》が密教の代表的宗派です。最澄《さいちょう》（七六七〜八二二）がはじめた天台宗《てんだい》も密教を行ないます。やはり密教であるチベット仏教と共通する部分が多くあります。日本に仏教が定着したのは、密教の魔術的な儀礼が人気を呼んだためだと言われます。要するに加持祈祷で悪霊退散をやったり福を招いたりします。チベットでも日本でも曼荼羅《まんだら》と呼ばれる諸仏諸菩薩一覧図のような壮麗な図像を儀礼に麗々しく用います。

③法華信仰……天台宗は密教も行ないますが、本来は法華経を重視する宗派です。法華経は万人の成仏を保証してくれるありがたいお経で、日蓮《にちれん》（一二二二〜一二八二）は排他的に法華経のみが救いの源泉であると説きました。こういう排他的選別があるという点では、一神教とメンタリティ的に通ずるものがあります。

ただ、一神教ですと救いは人間のみですが、法華信仰では（仏教ではどの宗派でも）あらゆる生き物（主として動物）の救いを説きます。日蓮宗では「南無妙《なむみょう》法蓮華経《ほうれんげきょう》」と唱えます。「南無」は帰依を意味します。「妙法蓮華経」は法華経の正式タイトルです。

④浄土信仰……阿弥陀如来の救いを信じ、「南無阿弥陀仏《なむあみだぶつ》（私は阿弥陀ブッダに帰依します）」と念仏を唱えることで、救いが確信できた人は来世で極楽浄土というユートピアに生まれる（往生する）と言われます。インドの神話では、浄土に行った信者はそこで正式の修行を行なって、そののち悟りをひらく（成仏する）ということになっていたのですが、日本人は、信仰→念仏→往生→成仏のプロセス上の違いをあまり気にしなくなりました。

つまり、信心が生じて念仏を無心に唱えるまでになれたなら、もう救われたも同然と考えるようになったわけです。キリスト教的に言えば、天国での救いを確信できたときには、もう心の中は天国だ、みたいなものです。

浄土信仰の代表的宗派は、法然《ほうねん》（一一三三〜一二一二）の浄土《じょうど》宗、親鸞《しんらん》（一一七三〜一二六二）の浄土真宗《じょうどしんしゅう》、一遍《いっぺん》（一二三九〜一二八九）の時宗《じしゅう》などです。
⑤禅……栄西《えいさい》（一一四一〜一二一五）の臨済宗《りんざいしゅう》や道元《どうげん》（一二〇〇〜一二五三）の曹洞宗《そうとうしゅう》などです。もっぱら坐禅を行ない、心を無のデフォルトにもっていく練習をします。日本仏教の中では、釈迦の仏教の心のコントロールにもっとも近いものですが、さまざまな習慣が中国由来のものとなっています。

真実と見せかけ

仏教は世界を二重に見ています。《真実》の次元と《見せかけ》の次元です。
神話的には、《見せかけ》に囚われて煩悩三昧である限り、人間は輪廻し続けるというふうにイメージされてきました（この輪廻を事実と信じているあたりは、仏教は開祖の頃からオカルト的性格を帯びていたと言えます）。《真実》の次元に目覚めることが解脱であり、悟りです。

修行によって《真実》の次元にストレートに目覚めてしまおう、というのが、自力の修行の道です。これは一般民衆にはなかなかやり通せないエリートの道です。

一般民衆は《見せかけ》の次元のただ中で暮らしながらも、諸仏・諸菩薩の他力の救いを信じるという形で《真実》の次元に進むとっかかりが得られます。さまざまな宗派の教えは、そのとっかかりを得るための方便（手段）だと言えるでしょう。

東アジアの大乗仏教、とくに日本の大乗仏教（日本仏教）のおもしろさは、《見せかけ》の世界に生きる我々迷える衆生の煩悩人生をけっこう肯定的に見ている点にあります。何も無理してまで悟りすます必要はないのです。

そして他の宗教の神々を拝むことも原則ＯＫです。中国人は仏教の諸仏も道教の神々も拝みます。日本人は日本の神々を拝みます。さらに言えばキリストを拝んだってかまわない。そして土着のアニミズム（霊魂信仰）や儒教的祖先祭祀にのっとった「葬式仏教」を営むこともＯＫです。

東アジアにおける信仰の重層性については、第7章で見てまいりましょう。

コラム

仏典

今日タイなどのテーラワーダ仏教に伝わるパーリ語の仏典は、最も古い段階の仏教（初期仏教、原始仏教）の消息を伝えるものです。その中でもとくに古いのが、スッタニパータやダンマパダ（法句経《ほっくきょう》）です。

ダンマパダの有名な聖句を見てみましょう。

「かれは、われを罵った。かれは、われを害した。かれは、われにうち勝った。かれは、われから強奪した。」という思いをいだく人には、怨みはついに息《や》むことがない。

「かれは、われを罵った。かれは、われを害した。かれは、われにうち勝った。かれは、われから強奪した。」という思いをいだかない人には、ついに怨みが息む。

実にこの世においては、怨みに報いるに怨みを以てしたならば、ついに怨みの息むことがない。怨みをすててこそ息む。これは永遠の真理である。「われらは、ここにあって死ぬはずのものである」と覚悟をしよう。――このことわりを他の人々は知っていない。しかし、このことわりを知る人々があれば、争いはしずまる。

（法句経三～六、中村元訳『ブッダの真理のことば　感興のことば』）

――怒りは怒りをもたらす。気づき次第、心を無のデフォルトに戻せということです。修行の基本です。

大乗仏教は、瞑想の中に現れるブッダを中心とする新たな経典をたくさんつくりました。般若心経《はんにゃしんぎょう》、華厳経《けごんぎょう》、法華経《ほっけきょう》、阿弥陀経《あみだきょう》、大日経《だいにちきょう》などの大乗仏典です。
これらはいずれも釈迦の言葉ではありません。宗教的な哲学ファンタジーのようなものです。

ここでは般若心経の親戚である金剛般若経《こんごうはんにゃきょう》の言葉を一つ引用してみます。

師【釈迦】は問われた――「スブーティ【釈迦の弟子の一人】よ、どう思うか。《尊敬さるべき人》【＝悟った人】が、〈わたしは、尊敬さるべき人になった〉というような考えをおこすだろうか。」

スブーティは答えた――「師よ、そういうことはありません。……師よ、もしも、尊敬さるべき人が、〈わたしは尊敬さるべき人になった〉というような考えをおこしたとすると、かれには、かの自我に対する執着があることになるし、生きているものに対する執着、個体に対する執着、個人に対する執着があるということになりましょう。」

（金剛般若経九d、中村元・紀野一義訳註『般若心経　金剛般若経』）

――悟った人は悟りへの執着をも超越しているはずだと説くくだりです。

金剛般若経は禅で人気のある経典です。お悟り臭さがぷんぷんするようでは真の悟りではない。このようにして、大乗仏教は次第に、民衆の迷いの世界とエリートの悟りの世界との違いを相対化していきました。

第7章

儒教、道教、神道

―東アジアの重層的な信仰

中国人の宗教

第1章のアニミズムのところで説明したように、儒教は太古の昔から中国人がやってきた祖先祭祀を組織化したものです。祖先祭祀を重んじたということは、中国人が祖先から子孫に至る血の系譜を信じたということです。

血──というか遺伝子──は世代交代を重ねるうちに案外と早く入れ替わってしまうもので、遠い先祖とされる人間と自分との間に何らかの関係があると考えるのはもちろんファンタジーです。この血縁ファンタジーを倫理化したのが「孝」です。先祖を祀り、親に従い、子を産み育てるというのが孝の道ということになります。

倫理化された儒教ないし儒学の開祖は孔子《こうし》（前五五一〜前四七九）です。孝とか忠とか仁とか礼とか、いくつかの倫理的徳目を養うことを人生の指針とし、人間どうしの儀礼的な挨拶や秩序を重んじるという世界観の創始者です。孟子《もうし》がこの道の大成者として有名です。

儒学の道が中国社会のパブリック面を仕切るようになる一方で、そういう堅苦しいものを嫌う人々もいました。老子《ろうし》や荘子《そうし》が説く「道（タオ）」は、人為的な儀礼などを嫌う、無為自然の道です。

かくして中国哲学は、パブリックには儀礼を重んじ（儒学）、プライベートには無為自然で行くことを願う（老荘思想）という二重構造となりました。

さらに、一般民衆に人気のある神々の信仰も浮上してきました。エリートには儒学だけで十分かもしれませんが、民衆は神々を拝みたいものです。こうして起こった道教が、老荘思想なども取り込んで、中国人の本音部分を覆うようになりました。

中国人は普通、儒教と道教をセットで受け入れていますので、二つの宗教を分ける必要もなさそうですが、これにさらに外来の仏教が重なっているので、いちおう、儒教・道教・仏教の三つそれぞれの顔を立てて数え上げるのが慣例となっています。

儒教と道教は仏教に影響を与えました。儒教の孝の実践や祖先祭祀が仏教に入り込みましたし、道教の無為自然の理想は半ば禅と融合しています。仏教のほうでも儒教と道教に影響を与えています。儒者も道士（道教の修行者ないし祭司）もなにがしか禅に似せた形で修行を行ないます。

日本宗教の重層性

さて、**仏教と儒教と道教は日本列島にも広まりました**。原始時代以来のカミガミの信仰に由来する神道とあわせて、四つの宗教が重層的に信仰されるようになったのですが、このうち儒教と道教については、表立って意識はされていません。というのは、同じく外来の宗教である仏教にくらべて、これらの二つの伝統の影響はおおむね非組織的で間接的なものにとどまっているからです。

七世紀に厩戸王《うまやど》（聖徳太子）が定めたという「十七条憲法」には、「篤く三宝を敬え（仏・法・僧の権威に服せよ）」とあるように、仏教が精神的支柱として重視されています。よく知られているように、ここには「和を以て貴しと為す」とも書いてありますが、こちらのほうは『論語』「礼の用は和を貴しと為す」（学而第一）の影響であるようです。仏教にせよ、儒教にせよ、豪族たちに天皇を中心とする新たな国家システムを自覚させ、「言うことを聞けよ」と諭す意味があったのでしょう。

やがて仏教は奥深い教理をもつものとして大々的に輸入されるようになり、奈良時代には南都六宗が成立しました。当時は何でも中国の流行や漢文の教養がカルチャー的発信源でしたので、自然に儒教的な秩序意識や道教的な神仙思想、おまじないのたぐいが浸透していくようになります。

『源氏物語』などでも知られるように、平安貴族はどこかに出かける際も、その日の方角の吉凶を気にして、方角が悪ければ前日に別の家に泊まって当日はそこから出発するなんて面倒くさいことをしたものですが（方違《かたたが》えと呼ぶ）、こういうオカルトを定めていた陰陽道《おんみょうどう》は、道教その他のオカルト的思想から生まれたものです。あと、不老長寿の常世の伝説や、天女が出てくる羽衣伝説、さらに修《しゅ》験道《げんどう》などにも道教の影響があるようです（修験道自体は日本固有の山岳信仰に仏教の密教的理論がからんで成立したものです）。

神道の成立

さて、奈良・平安時代前後における仏教の進出は、日本列島のカミガミの信仰に刺激を与えました。

もともとカミと呼ばれるものはマジカルなパワーを帯びた霊的存在のようなもので、山や島や木のような自然物に宿るとされたり、雷として落ちてきたり、猛獣となって出現したり、あるいは豪族や天皇のような英雄の尊称のようになったりした、総じてアニミズム的な信仰対象のことです。カミガミの信仰自体には統一された神話もなく、教理も定まっていませんでした。

八世紀成立の歴史書『古事記』『日本書紀』には神話が書かれていますが、それは中国思想や仏教の影響下に編纂されたものであり、しかも皇室にとって都合のいいように改変されているとされます。

こうした原始的なカミの信仰に教理的な目鼻をつけていったのは、むしろ仏教の理論家たちでした。すなわち……

①古い段階では、カミは迷える衆生の一種として扱われました。

②次の段階では、人格的な存在となったカミが、ちょうど仏教神話の天（婆羅門教・ヒンドゥー教系の神々）のように、仏教の守護者として迎えられました。

③中世になると、仏や菩薩が日本の民の救済のためにカミの姿で出現したという説が広まります。本来の姿（本地《ほんじ》）は仏や菩薩なのですが、カミという仮の姿（化身）となって出現する（垂迹《すいじゃく》）のです。これを本地垂迹説と呼びます。具体

的には、たとえば仏教の大日如来が太陽神アマテラスというローカルヴァージョンで出現するといったものです。

④やがてカミガミの信者たちも自信をつけてきて、「いや、日本のカミこそがオリジナルであり、仏や菩薩のほうこそコピーだ」と主張するようになりました（**反本地垂迹説**）。

こうした流れの中で、いつしか「**神道**」という名称が定着しました。

要するに「神道」というアイデンティティが最初からあったわけではなく、**外来思想である仏教を意識することで、歴史の途中で「神道」が成立した**のです。（こういう現象は珍しいことではなく、世界の多くの文化が、先行する他国の文化のプレッシャーを受けて歴史の途中でようやく自覚されるようになってから成立しています）

キリシタン、武家の儒教、国学

さて、仏教、儒教、道教の他に、日本の宗教史に大きな影響を与えた外来の宗教として、キリスト教、とくに戦国時代に九州を中心に広く布教されたカトリック系のキリスト教があります。信者をキリシタン、神父をバテレン、神をデウスと呼ぶ、イエズス会主導の組織的な教団です。一時期は日本の宣教は大成功だったのですが、すぐに反動が起こりました。政治的勢力として江戸幕府に警戒され、徹底的に弾圧されたのです。

幕府は、キリスト教の取り締まりの一環として各仏教寺院に非キリスト教徒の証明書を発行させました。このときより仏教寺院は国家体制に組み込まれ、あらゆる日本人はどこかの寺の檀家となることになりました。他方、幕府は、徳川家中心の社会体制のバックボーンとして、儒教を武家の基礎教養としました。

江戸時代後期（一八世紀）には、本居宣長や平田篤胤といった神道の理論家の説く国学が台頭しました。彼らは、仏教や儒教の抽象的な教理をわざとらしいものとして退け、日本にはさかしらな理屈を説かないすなおな伝統があるとしました。宣長はそれまで一般に知られていなかった『古事記』を発掘し、この神話の中に、原初の日本人の生のあり方が保存されていると考えました。篤胤は固有の神道の教理を構築しようと試み、仏教の来世観にかえて、神道式の新解釈の死後の世界を探求するようになりました。

国学のこうした流れは、一面ではインドや中国の神話世界を抜け出ようとするものでしたが、他面ではナショナリズムに傾いた排外的なもので、オカルト的な性格も強いものだったと言えるでしょう。

明治以降

明治維新は、天皇家を中心に社会の近代化を推し進める方針を打ち立てました。それは近代西洋の文物や制度を採り入れる合理主義的なものでしたが、西洋が何世紀もかけて一つ一つ積み上げていった成果――科学と資本主義と国家制度――を大急ぎで定着させようとしたいささかせっかちなものでもありました。だから国民を動員して一方向へ向けて訓練すべく、イデオロギーの構築にも余念がありませんでした。

具体的には、国民と天皇家を結ぶ装置として神道を仏教から切り離して特別扱いするようになり（いわゆる国家神道）、一八九〇年発布の教育勅語によって儒教的な「忠君」のイデオロギーの浸透を図ったのです。この忠君精神は、民間の修養運動や、「武士道」神話の精神主義によっても推進されました。

現代の日本人が「日本的」「伝統的」と思っている習慣や思想の多くがこの時期に構築されたものであることは意識しておくべきでしょう。

国家神道体制は一九四五年の敗戦とともに解体されました。戦前にも戦後にも新宗教運動（↓229ページ）が国民の一定層に影響を与えましたが、戦後の日本人は総じて宗教に無関心な状態となっています。

ただしそれは、仏教の宗派とか新宗教やキリスト教の教団・教会に対する無関心であって、太古のカミ信仰以来のアニミズム・呪術的伝統や、仏教や儒教や道教に由来するさまざまな慣行においては、日本人は、他の世界のあらゆる民族と同様、十分宗教的なままだと言えるでしょう。

つまり、神社仏閣に初詣に出かけ、御神籤《おみくじ》に一喜一憂し、チャペルで結婚式を挙げ、葬式に線香をあげ、仏滅を気にし、ときには霊能者に相談し、ときには坐禅や写経をしたり、禅的伝統につらなる茶の湯や華道にいそしんだりし、武道でもスポーツでも宗教的な精神性を説くことを好み、学校でも会社でも不良仲間においても儒教的な長幼の序に基づく先輩後輩の秩序にこだわり、議論よりも忖度することのほうに自他の救いを求め、マスコミでもネットでも天皇（現代日本において神話的過去を想起させる存在）へのタブーの一線を踏み越えることを好まない……こんな典型的日本人は、少なくとも外国人の目から見れば、まったく宗教的なのです。

また、日本人の思考は、神の国の実現を求める未来志向の強いキリスト教よりも、ありとあらゆるものの因果や因縁の中で物事の運命が巡っていくことを諦観する仏教の思考に、類型的には近いものです。

教団や教理に照準を置くなら平均的現代日本人はノン・ビリーヴァー（無信仰者）、習俗や観念に照準を置くなら日本人は神道・仏教・儒教の、あるいはアニミズムや呪術やナショナリズムの無意識的なビリーヴァー（信者）ということになりそうです。

琉球とアイヌ

なお、忘れてはならないのは、明治になるまで、日本列島の南と北の端には中央の宗教文化とは異なる伝統が続いており、今日まで文化的影響があるということでしょう。

南西諸島では本土の民俗信仰に似ているものの独自の信仰体系がありました。祖先神の信仰、海上の楽土ニライ・カナイの信仰、王権と結びついた太陽神の信仰などです。琉球王国では、ノロという巫女の組織があり、その頂点にたつ聞得《きこえ》大君《おおきみ》（国王の姉妹ないし王妃）が国王を補佐する、政教補完体制がありました。王国の祭祀に用いる古謡を集めたのが『おもろさうし』です。なお、民間の霊能者はユタと呼ばれます。

北海道（や千島列島、樺太）ではアイヌが狩猟と交易で暮らしていました。アイヌ語は日本語とは異なる言語です。アイヌの伝統的な叙事詩をユーカラと呼びます。森羅万象に霊的存在カムイが宿るアニミズムを奉じます。たとえば熊や梟《ふくろう》など霊威の高い動物もカムイと呼ばれています。熊の衣を着て人間界に幸をもたらしたカムイを天界に送るイオマンテという独自の儀礼はよく知られています。

コラム

『論語』と『老子』

儒教の教典として知られるのは、いわゆる四書五経です。孔子の言葉を集めたのが『論語』、重要な思想家である孟子が説いたのが『孟子』、それに『大学』と『中庸』を合わせて四書、『易経』『書経』『詩経』『礼記』『春秋』という五つの古代文書が五経です（『大学』『中庸』は本来『礼記』の一部）。

『論語』の有名な言葉を拾ってみましょう。

子《し》の曰《のたま》わく、学びて時にこれを習う、亦《ま》た説《よろこ》ばしからずや。朋《とも》あり、遠方より来たる、亦た楽しからずや。人知らずして慍《うら》みず、亦た君子ならずや。

（学而第一：1）

――孔子先生がおっしゃった。学んで適当なときに復習する。わくわくするね。友が遠くからやって来る。楽しいね。人が分かってくれなくても気にしない。それこそまさしく君子だ。

未だ生を知らず、焉《いずく》んぞ死を知らん。（先進第十一：11）

――生のことも分からないのに、死のことなどわかるはずがない。

道教にはさまざまな神話的・オカルト的な教典がありますが、思想的なものとしては、老子の言葉を集めたとされる『老子』（『道徳経』）が尊重されています。また、荘子の言葉を集めた『荘子』も重要です。

では、『老子』の神秘的な一節から一つ紹介します。

大道廃れて仁義あり。（『老子』第十八章）

——大いなる道（タオ）が廃れるようになってから、仁だの義だのが説かれるようになった。自然の理に沿った生き方ができなくなった時代に、愛が大事だの正義だの人道だのといった概念が発明されたのだ。

儒家的タテマエに対する皮肉のように聞こえます。反体制的なところのある道家思想の真骨頂と言えるでしょう。

コラム

古事記

神道は教理のはっきりしない宗教で、教典も定まっていません。しかし本居宣長が『古事記』を尊重しましたので、現代でも重要視されています。

そこに書かれている神話の大きな流れは、日本人の常識として知っておいていいかもしれません。概略を説明しましょう。

①天地の初めにアメノミナカヌシ（天の中央）という神と二柱《はしら》のムスヒ（産霊《むすび》、生成力）の神が出現しました。さらに神々が何代も生まれ、男神イザナキと女神イザナミが現れ、この二柱の性の営みによって日本列島が生まれました。

②イザナミはさまざまな神を産んだのですが、火の神を産んだとき焼け死に、死者の国「黄泉《よみ》」に行きます。イザナキは妻を追って黄泉に行くのですが、愛する妻は死体の姿だったのでした。死の原理となったイザナミは「一日に千人を死なせる」と宣言し、生の代表者となったイザナキは「一日に千五百人を生まれさせる」と告げます。

③イザナミが現世に帰り、禊《みそぎ》で身を浄めると、左目から女神アマテラス（天照大神、太陽神）が、右目から男神ツクヨミ（月神）が、鼻から男神スサノオ（暴風雨の神）が出現しました。それぞれ天界、夜、海上を治めることをイザナキは命じたのですが、スサノオは成長せずに大声で泣き、世界を震わせます。

④スサノオは高天原《たかまがはら》（天界）を訪れ、アマテラスは武装して制止します。誓約《うけい》と呼ばれる占いを行なうと、スサノオには害意がないことが分かります。しかしスサノオはむしろ増長して天界で大暴れします。アマテラスが天岩戸《あまのいわと》（天界の洞窟）に隠れたので、世界は闇となります。八百万《やおろず》の神々が宴会を催し、アメノウ

ズメの性的な踊りに神々が哄笑すると、アマテラスが戸から様子をうかがいます。女神は神々によって引き出され、かくして世界に光が戻りました。この神話は日食を意味するとも、冬至による太陽の衰弱からの復活を意味するとも言われます。

⑤高天原を追放され、地上に降りたスサノオは、穀物の種を得たり、ヤマタノオロチという頭と尾が八つもある蛇の怪物（暴れ川の象徴？）を退治したりするなど、農耕や治水の神としての英雄的行為を行ないます。この神話は世界各地にある「英雄の竜退治」神話の一種です。

⑥スサノオは大地の帝王のような存在となります。オオクニヌシという若い神が現れて、スサノオの娘に求婚するのですが、スサノオは無理難題を吹っかける。しかしオオクニヌシは姫に助けられたり、ネズミの言葉に耳を傾けたりして、試練に打ち勝ちます。そして姫をさらって逃げたオオクニヌシを、スサノオは祝福し、「立派な宮殿を建てて暮らせ」と告げます。今日の出雲大社はこの宮

殿に起源をもちます。オオクニヌシは大国主という名の通り、大いなる地上の王として国土を豊かにしました。

⑦高天原の神々が地上の統治を宣言すると、オオクニヌシは国土を譲ることに同意します。アマテラス系の神が天界から地上に降り（**天孫降臨**《てんそんこうりん》）、その系譜からやがて初代天皇が出現します。すなわち、大和まで東征して即位した**神武**《じんむ》**天皇**です。

第8章

現代において宗教に何ができるのか？

宗教は矛盾に満ちたもの

第1章で説明したように、宗教とは霊や神などをめぐる想像世界です。霊や神や理法のようなものが宇宙に潜在している。人間はその力を頼り、その意志に従い、その教えを守り、その極意を悟ろうとする。

それらは歴史的に構築されてきた共同主観的な観念世界ですから、地域の差、文化の差、系譜の差によって、多種多様な内容になっています。大宗教ともなれば、いずれも概ね愛や慈悲を説き、平和を勧めるものになっていますが、ディテールはすべて異なっており、世界観も忠誠の対象も違うので、宗教間の軋轢《あつれき》も生まれます。愛や平和を説く宗教が戦いを正当化することもあります。

宗教は矛盾に満ちたものです。**人間の論理はしばしば矛盾に突き当たります。それが天界に投影されたものである神の論理が矛盾だらけであるのは、ある意味仕方がないのかもしれません。**

宗教に共通する役割

宗教は多様とはいえ、みな似たような役割を果たしています。主な機能は次の三つです。

①奇跡をおこす

世界中の宗教が、病気治しを謳《うた》い、招福除災を謳っています。イエスは病人を癒し、死者まで復活させたと伝えられています。密教の行者は加持祈祷を行ない、護摩（浄化の火）を焚いて悪霊を退散させます。

これらはもちろん非科学的な話です。非科学的な信念に基づく実践を呪術（マジック、魔術、魔法）と言います。宗教の機能の大部分は呪術です。死者にお供物を捧げるのも呪術であり、天に向かって祈るのも、しばしば呪術的な意識で行なわれるものです（祈りによって福を天から呼び寄せるという呪術）。

こうした呪術には心理的な働きがあり、病気などの場合、それが絶大な効果を上げる場合があります（心理状態がある程度身体状態にフィードバックされる）。それにそもそも、ビジネスの企画から政府の政策まで、事が常に未来の予測（占い？）にかかわる以上、完全には科学的といえない希望的な要素は常に存在します。それと同様のことを宗教が象徴的に行なっているとも言えます。

あらゆる個人が「希望」を原理として生きている以上、どんなに絶望的な状況の者にも「希望」を抱く権利があるでしょう。それが奇跡待望という形をとることがあるのです。

②秩序をもたらす

人々が同じ神話を共有することで、仲間意識を高め、スムーズな協力関係に入り、相互に善行を施しあうユートピアを部分的に現出することができます。これは人々に人生の目的と誇りを与え、アイデンティティの感覚を与えます。互助のシステムの創出は、奇跡と並ぶ宗教の重要な機能です。

人間が動物と異なる最大のポイントは、何であれ神話を共有することで「仲間」をつくることができる点であるとも言われます。歴史的には大宗教の神話が何千万、何億という人々に同一のアイデンティティを与え、社会の秩序と潜在的な協力体制を維持してきました。

そうした秩序を与えるために、宗教はしばしば戒律あるいは神の法で人々を拘束します。戒律は古代に生まれたものなので、必ずしも合理的ではありません（意味不明のタブー、階級差別、性差別、性指向差別などが残存している）。しかし神の権威で守られていますから変更はままなりません。ここに多大な問題があります。

また、同じ宗教の仲間だという意識は、外部に対しては排他的な意識を高めます。これはナショナリストの国民意識が外国人排斥を呼び起こすのと似ています。

③説明を与える

宗教は「人間とは何か?」「世界はどのように始まったのか?」「なぜ善と悪があるのか?」「死んだらどうなるのか?」といった、高度に哲学的な問いに答えようともします。いわゆる神学です。

これは哲学や科学の原型のようなものですが、あくまで民衆を感覚的に納得させるものですから、発達した哲学や科学から見たらツッコミどころ満載の不確かな説明が多いことも否定できません。しかし、芸術的には印象深い説明になっています。たとえば創世記にある六日間の天地創造の物語は、ビッグバン宇宙論から見ればナンセンスですが、一つの心理的ドラマとして堂々たる印象を与えます。

神学の究極的説明は、あくまで個人個人の気持ちを納得させるためのものです。ですから究極的と言いつつ、状況に応じて論点をズラしていく——言い訳を重ねる——のが常です。

たとえば神に祈れば病気が治ると言います。しかし治らない。そこで「病気は神の試練です」とロジックを変えます。

また、悟れば人生の問題は解決すると言います。しかしいくら坐禅をしても人生の問題は晴れない。そこで「真の悟りはブッダのみにある」とロジックを変えます。

言い訳というと聞こえが悪いのですが、こうした知的操作を重ねることで、信者は人生の奥深さに目覚めていくことができます。人生には裏があり、裏にはまた裏がある……この経験的事実を、神学もまた教えてくれるのです。

しかしまた、こうしたロジックになじむことによって、信者はどんどん思考の深みに引っ張り込まれ、人生の解決というよりも自問自答に一生を費やすことになります。このような探求に興味を抱くのは、一部の信者――リクツの好きな信者――に限られるでしょうが、そうしたエリート信者が聖職者や神学者になることで、宗教は次世代に伝えられます。

現代における宗教の可能性と限界

宗教のこうした仕組みは、近代になって多大な挑戦を受けました。科学が発展することで、呪術や奇跡が幻想であることが明らかになり、近代的法制度や種々の機関をもつ国家が発展することで、宗教的戒律や教団的アイデンティティは社会全体の運営原理ではなくなりました。神学の説明もまた説得力をどんどん失っています。

今日、先進国においては、宗教は社会の主流を動かす力にはなっていません。それでもそれは概ね次のような形で、今日でも機能を果たし続けています。

①文化の基層として

社会が科学の成果を大々的に取り入れるようになってまだ数世紀もたっていません。宗教は思想、語彙、習慣の形で文化の基層をなしています。

日本人は仏教の教理を大方忘れていますが、それでも欧米人に比べたら仏教的あるいは儒教的な発想法をもっています（修行・修業を強調し、世界を建設的というよりも無常観で眺める傾向があり、先輩後輩などの序列を重んじる、など）。欧米人の中にはもはや教会に行かない人も多いのですが、しばしばキリスト教的なところを見せつけます（慈善を重んじ、キリスト教の終末待望を受け継ぐ、未来のユートピア建設への希望をもっている、など）。

面白いのは、小説家の村上春樹（『ノルウェイの森』『海辺のカフカ』）、アニメ映画監督の宮崎駿（『もののけ姫』『千と千尋の神隠し』）、映画監督の是枝裕和（『万引き家族』『怪物』）など、現代日本の神話の語り手たちの作品が、欧米の作品にありがちな正義の追求による進歩発展や終末ユートピア的大団円ではなく、さまざまな関係者が善悪で割り切れぬ因縁で結ばれ、儀礼的な振る舞いやスピリチュアルな出来事の中で何らかの「鎮め」に向かうといったような、一神教よりも神道的アニミズムや仏教を思わせる思考法をもっていることです。しかも欧米でも中韓を含むアジア諸国でも評価されている点が注目されます。

基層文化というのは侮れない力をもっているからこそ、個人的には無宗教だと思っている人々も、宗教の歴史や教えを教養的に学ぶ意味があるわけです。

②かつての宗教的機能の部分的供給として

重病や絶対の貧困など苦境に喘ぐ人々は、精神的な最後の砦として奇跡に頼る権利があるでしょう。また国家や企業経済がまともに機能していないところでは、宗教の互助的な働きは今日でもありがたいと言えます。死んだらどうなるのか、人生の究極的意味は何かなど、合理的には答えを出すことのできない問いに関して、宗教の説明を受け入れる人が常に存在し続けるでしょう。

注意してほしいのは、平穏で順調な生活を送っている一般の人々もまた、自己実現の希望に寄りすがって生きているということです。公共社会においても、根拠不明の政策や未来論が熱狂的に迎えられたりしています。つまり、どのみち我々は宗教めいた神話の中で暮らしているのです。伝統的ないし新宗教的な信仰もまたそうしたバリエーションの一つとして共感的に見ていく必要があります。

それに、厳密に論理的に言うと、神のような超越的存在の実在や、悟りのような超越的体験を完全否定することは不可能です——それが経験的にも確率論的にもアテにならないということは言えたとしても。

伝統的宗教は、人間の生産性が低かった古代・中世に生まれ、その社会に適応したものですから、基本的に自制や犠牲の徳を説き、物質的な追求よりも心の平安を目指すことを提唱しています。そうした教えそのものは、今後も有効だと思われます。

とくに、地球の大改造を続けてきた近代社会が地球温暖化という大変な難題を抱え込む結果になった二一世紀の今日、**「欲望が本質的な解決をもたらさない」という宗教の本質的洞察は意味をもってくる**はずです。また、東洋宗教の瞑想技術などは、厳しい現実の冷静な観察には有効でしょう。

もちろん、宗教が今後とも有効であろうというのは、あくまでも部分的な話です。古代・中世の人々のような、宗教こそが——病気治しや雨乞いから日々の生活指針、社会秩序や王権などの正当化、自然や社会に関する学問的説明までの全体に及ぶ——包括的な真理であるという思考法は、この数百年の間に実質的にほとんど力を失いました。

過去の幻想にとらわれている過激な復古主義者（イスラム教やキリスト教などの宗教原理主義者）といえども、その幻想を復興するために、近代兵器を用い、ネットなど現代的情報テクノロジーで無知な若者の勧誘に狂奔しています。それによってさらに伝統宗教の供給してきた分別、知恵、精神的鍛練は損なわれつつあります。

復古的な宗教はもはや絵に描いたモチでしかあり得ないでしょう。

最後に、現代宗教の具体的な動向を、いくつかの伝統・系譜に分けて紹介したいと思います。

日本の新宗教

日本の近現代の宗教の動向というと、まず念頭に上るのは「新宗教」と総称される運動です。

幕末から昭和にかけてたくさんの新宗教教団が生まれました。幕末に生まれた教団としては天理教、明治以降は神道系の大本、仏教系の霊友会などが有名です。戦後は法華信仰の在家団体である創価学会が一時的に大きな勢力を誇りました。

伝統的に仏教と神道はセットで実践されるのが日本における信仰の実態だったのですが、明治以降、仏教と神道が建前上切り離されたので、古い民衆的伝統を受け継ぐ活動などが、「新宗教」という枠に入れて数えられるようになりました。だから、活動組織としてはたしかに「新」なのですが、宗教の中身としては招福除災や先祖供養など伝統的な仏教・神道アマルガムの行なってきたことと大きく違うわけではありません。

新宗教には、急速な近代化により続々と変貌を遂げる社会において、一般民衆に互助などを通じて安心とアイデンティティを与える機能がありました。明治以来の急速な近代化は民衆に多大なストレスを与え続けていたのです。国民一般としても、戦前には「国家神道」的な枠組みの中で天皇崇敬へと組織化されていたことを忘れるべきではないでしょう。

なお、平成期のオウム真理教などは、それまでの祖先祭祀的なパターンを大きく外れており、これを「新新宗教」と呼んで区別する見方もあります。こちらについては、このあとで説明する欧米のニューエイジやカルトなどと連動した部分が大きいことを指摘しておきましょう。

たとえばオウム真理教はチベット仏教、聖書系の終末思想、原始的なオカルト

歴史的によく知られた日本の新宗教教団

教団	おおよその成立年	開祖	開祖の教え、教団の特徴
天理教	1838年	中山みき	幕末期の神道系新宗教。開祖みきは「神のやしろ」として癒しと説法を行なった。
金光教	1859年	赤沢文治《あかざわぶんじ》（金光大神）	幕末期の神道系新宗教。人の願いと神の心の「取りつぎ」を実践するシステムとして展開。
大本	1892年	出口なお、出口王仁三郎《おにさぶろう》	西洋化の緊張の中で始まった神道系の運動。なおは神がかりし、世の「立て替え立て直し」を説いた。
パーフェクトリバティー教団	1916年	御木徳一《みきとくはる》	モットーは「人生は芸術である」。昭和・平成期には甲子園強豪校のPL学園でよく知られた。
霊友会	1920年	久保角太郎《かくたろう》、小谷喜美《きみ》	法華信仰ならびに先祖供養の在家教団として発展。昭和期には在家の運動として影響力が大きかった。
生長の家	1930年	谷口雅春《まさはる》	大本系。生命自らが病を治すことを説き、生命主義的な社会運動を行ない、政治にも影響力をもった。
創価学会	1930年	牧口常三郎《つねさぶろう》、戸田城聖《じょうせい》	法華信仰の在家教団。戦後急拡大し、国際的にもSGI（創価学会インタナショナル）として知名度が高い。
世界救世教	1935年	岡田茂吉《もきち》	大本系。手かざしによる浄霊。多数の分派を生んだ。熱海のMOA美術館など文化活動も行なう。
真如苑	1936年	伊藤真乗《しんじょう》、伊藤友司《ともじ》	涅槃経を重視する密教系の教団。仏性の開発によって「霊能者」となる。災害救援など社会活動が多い。
立正佼成会	1938年	庭野日敬《にっきょう》、長沼妙佼《みょうこう》	法華信仰の在家教団。「法座」という末端組織を通じて人々の相談に応じる。他宗教と連携した活動に熱心。

思想のアマルガムです。有力信者に自然科学系の若者が多いことも注目されました。

キリスト教のファンダメンタリズム

主にアメリカの一部のプロテスタントの反動的な動向をファンダメンタリズム（根本主義、原理主義）と呼びます。聖書を文字通りに読もうとし、したがって創世記の記述に合わないビッグバン宇宙論も進化生物学もフェイクだと主張します。

二〇世紀初頭に注目されるようになり、二〇世紀半ばより政治的な力をもつようになって、レーガン、ブッシュ親子、トランプなど共和党の大統領の強力な支持母体となりました。昨今では地球温暖化をリベラルの流した嘘だと主張しています。

主流の教会が科学の発展や社会制度の変化を受け入れてきたのに対し、民衆は必ずしもこれを歓迎しておらず、民衆の不満のはけ口として宗教が利用されていると言えるかもしれません。リベラルな主流の教会は「信仰がないと地獄に堕ちる」なんて脅したりしないので、信者数を減らしつつあります。

逆に、ファンダメンタリズムを基調とする**福音派**（福音伝道に熱心な教会）は、地獄も説きますし、奇跡も演出します。民衆的には絶大な人気を博し、アメリカじゅうに巨大な教会堂（**メガチャーチ**）を建ててきました。

カトリックにも超保守的な人々は大勢いますが、教皇中心の中央集権システムが、むしろ教団のカルト化を防いでいるように見えます。たとえばカトリック信者はとっくの昔に進化論を受け入れています。

なお、ファンダメンタリズムという言葉は、キリスト教を超えて、あらゆる宗教について使われます。その場合は「**原理主義**」と訳されることが多いようです。とくによく言及されるのは、次に説明するイスラム復興のとくに強硬な局面

（イスラム主義や過激主義）です。ヒンドゥー教にも信仰復興的な動きがありますが、政治的右傾化とも連動しているので、これについてはナショナリズムと呼ばれることが多いようです。

イスラム復興

二〇世紀半ばまでイスラム教は――他の宗教と同様――過ぎ去った文化だと思われていたのですが、二〇世紀後半に様変わりしました。若い世代を含めてイスラム復興が目につくようになったのです。

きっかけの一つは一九七九年のイラン革命です。世俗主義的な国王を追い払ってホメイニというシーア派の宗教指導者が国家を支配するようになりました。これには民衆の支持がありました。

イスラム圏に限らず、アジアや中南米の国々は王権や軍事政権による上からの近代化が進められることが多かったのですが、これはしばしば民衆との間に衝突を生みます。イスラム社会の場合、もともと「政教分離」という思想がないので、民衆は腐敗した世俗国家よりも神の統治を、つまり宗教国家を望む傾向がどうしても強くなります。

イスラム復興には文化的な側面もあります。たとえば昔は必ずしも被っていなかったスカーフなどの被り物を、敢えて女性たちが被ろうとするようになりました。イスラム・アイデンティティの表明です。

イスラム主義というのは、国家をイスラム的に運営しよう、あるいは国家を取り払って神の支配を広げようという政治的運動です。イスラム諸国の多くでは、民法的な部分を除いてイスラム法を文字通りには実行していないのですが、神の法を復活させれば何もかもうまくいくと考える人たちが大勢います。

政治化したイスラムは、ローカルな戦乱などをきっかけに過激派も生み出しました。自爆テロはレバノンのシーア派活動組織ヒズボラから、歯止めなきジハー

中東におけるイスラム主義・イスラム過激派の動向

サラフィー主義	預言者時代の純粋なイスラム共同体への原点回帰運動。
ワッハーブ運動	1932年のサウジアラビア建国にも大きな役割を果たした宗教的原点回帰運動。
ムスリム同胞団	1928年〜。エジプトのイスラム運動。20世紀半ばの弾圧後、サイイド・クトゥブの急進思想が後世の過激主義に影響を与える。
パレスチナ紛争	イスラエル建国以降、圧迫されたパレスチナ難民との間に繰り返される紛争。2023年、右傾化したイスラエルと原理主義組織ハマースが台頭するパレスチナとの間に戦争勃発。
イラン革命	1979年、シーア派の法学者ホメイニによる革命。以後、周辺諸国や欧米との間に対立が続く。
ヒズボラ	1982年〜。レバノンのシーア派組織。1983年の自爆テロは以後過激派のモデル的戦法に。
タリバーン政権	アフガニスタンのイスラム主義政権。1996〜2001年。2021年に米軍が撤退すると全土を制圧。
アルカーイダ	1988年〜。指導者ウサマ・ビン・ラーディンは過激主義を「ジハード」と正当化。2001年に自爆でアメリカに同時多発テロを行ない、ニューヨークの世界貿易センタービルの倒壊を招く。
イラク戦争	2003年、イラクのフセイン政権を米軍が倒し、ISの台頭をもたらす。
アラブの春	2010〜12年にアラブ諸国に頻発した反政府デモ。エジプトなど政権を打倒された国も。
IS（ISIL）	2010年代、シリア・イラク国境地帯に「国家」を創り、虐殺を行なう。イスラム国。

ド（聖戦）の主張はウサマ・ビン・ラーディン率いるアルカーイダから始まっています。

アルカーイダは二〇〇一年にアメリカのニューヨークや国防総省などに「同時多発テロ」を行ない、その「宣伝効果」によって有名になりました。ISIL（「イスラム国」）はシリア・イラク国境地帯を支配し、文化浄化ないし虐殺を行ないました。

欧米社会のニューエイジ

二〇世紀半ばのアメリカで、戦後のベビーブーマー（日本でいう「団塊の世代」）がキリスト教以外の宗教、とくに仏教、ヒンドゥー教、道教などの「東洋宗教」やキリスト教以前のヨーロッパの異教、アメリカ先住民の宗教文化に共鳴するカウンターカルチャー（対抗文化）を起こしました。

背景にあるのは、大義なき戦争として知られたベトナム戦争や、当時問題として浮上したアメリカ社会の伝統的な人種差別（とくにアフリカ系住民の差別）への批判や反感です。アメリカ社会のこうした汚点はキリスト教を含む体制文化の欠陥だとされたのです。

カウンターカルチャーには宗教以外の要素も含まれ、ロック音楽、ドラッグ文化（ドラッグ体験が東洋式の**瞑想体験**に似ているとされました）、ジーンズをはき髪を伸ばすヒッピーファッションなどもシンボリックな構成要素です。平和主義、左翼思想、エコロジー思想、フェミニズムや同性愛者解放といった人権運動などとも連動しています。

一九八〇年代にはヒッピー世代も中年になり、こうした動向は一般社会に定着を始めます。この頃より、**ニューエイジ**という呼び方が普通になりました。それはさらに**スピリチュアリティ**と呼ばれたり、日本語では「**精神世界**」とも呼ばれます。

ニューエイジには輪廻思想なども含まれています。欧米では来世観として輪廻を信じる人が次第に増えつつあります。一神教のパターンを外れるばかりでなく、楽天的な自己実現を強調するタイプの教えも多く、自己啓発ブームにもつながっています。こうした動向はキリスト教界の警戒するところであり、とくにファンダメンタリストは激しく反発しています。

カルトの暴走

カルトという言葉は「～崇拝」的な現象一般を指すものですが、マスコミを中心に、一般社会の伝統や常識を大きく外れる、とくに反社会的で教祖崇拝の強い少数集団の宗教的営みがカルトと呼ばれるようになりました。

カルトの暴走が目につくようになったのは二〇世紀後半、とくに一九九〇年代前後です。その背景としては、伝統宗教が弱体化して奇抜な教えを説く教祖が増えたこと、個人主義化や若者の疎外的状況が高まったこと、社会から外れて少数集団が生き延びる経済・テクノロジー的環境が整ったことなどが挙げられるでしょう。

歴史に名を残す主なカルト事件を挙げます。

人民寺院（ジム・ジョーンズをリーダーとするアメリカの共産主義的プロテスタント教団）…一九七八年、ガイアナで集団自殺（死者九百人以上）

ブランチ・ダビディアン（デビッド・コレシュをリーダーとするアメリカの終末論的プロテスタント教団）…一九九三年、テキサスで集団武装事件（死者八十人以上）

太陽寺院（リュック・ジュレをリーダーとするニューエイジ系宗教集団）…一九九四年、スイスとカナダで集団自殺（死者五十人以上）

オウム真理教（松本智津夫（麻原彰晃）をリーダーとするニューエイジ系仏教修

行集団）…一九九五年、日本、地下鉄サリン事件（死者十三人、負傷者六千人以上）（オウム真理教は他にもさまざまな事件を起こしている）

ヘヴンズ・ゲート（マーシャル・アップルホワイトとボニー・ネトルスをリーダーとするニューエイジ系UFO信仰集団）…一九九七年、ヘール・ボップ彗星の救済を信じて集団自殺（死者三十九人）

無神論の台頭

二一世紀になって欧米社会で急速に台頭してきたのが、システマティックにすべての宗教を否定する「無神論」です。背後にはファンダメンタリスト、イスラム過激派、各種カルトの反知性主義やテロ事件に対する広範な嫌悪感があります。

生物学者リチャード・ドーキンス、宇宙物理学者スティーブン・ホーキング、哲学者ダニエル・デネット、評論家クリストファー・ヒチンズなどが無神論の提唱で知られていますが、彼らに限らず、科学的知識人の多くは潜在的に無神論者と言っていいでしょう。

若い世代を中心に無神論は説得力をもつようになってきており、欧米社会への移民の発するネット情報を通じてイスラム圏やヒンドゥー圏などアジア、アフリカ諸国にも少しずつ浸透しつつあります。たとえばカナダに住むイラン系の**アーミン・ナヴァビ**はオンラインでもオフラインでも世界的に無神論の伝道で活動しています。

「**無宗教**」を標榜する人の多い日本では、今日、世界各地の宗教の歴史と教えに対する知識の欠如が問題となっており、マスコミでも「宗教をもっと知ろう」という声がしばしば上がっています。しかし、単純に「信仰を尊重しよう」とか「宗教には我々の知らない知恵があるのだ」というだけでは、かえって現代世界の動向について行けなくなるかもしれません。

というのは、宗教には個人的信仰の側面、集団的アイデンティティの側面、知識の側面、知恵や慈悲の側面、反知性的な反動の側面、排他的な側面があるのであり、その全体に目を通すことがますます必要になってきているからです。「信仰」や「文化」のみならず、その批判や否定についても学ぶ必要がありま す。そういう意味で、諸宗教と並んで「無神論」もまた、「宗教に関する教養」の重要テーマの一つなのです。

要するに、宗教について受動的に学ぶだけでは駄目で、積極的に「**自分としては宗教をどう考えるか**」判断していかなければならない時代が来ていると言えそうです。これは面倒くさいことのように思われるかもしれませんが、あなた自身が主体的理解を示すチャンスなのです。あなたが「無宗教」なのであれば、その無宗教の立場から宗教に切り込んでいけばそれでいいのです。

これはむしろ、宗教の「お勉強」に呪縛されずともよいという、自由な、解放的な状況なのではないでしょうか。

おわりに

最後に一つ。

宗教というと、欧米におけるキリスト教とイスラム教の緊張関係のように、宗教どうしの対立の問題が思い浮かぶかもしれません。

歴史を眺めてみますと、異なる宗教の信者どうしが常に喧嘩していたわけではありません。一般民衆にとっては生活のほうが大事であり、教理が違うからといって即喧嘩を始めるわけではないのです。

もちろん昔の十字軍のように、宗教的リーダーが焚きつけることで、直接的な利害関係にない地域の諸侯が「正義」のために宗教戦争に赴くというようなこともありました。しかし、たいていの時代のたいていの文明では、さまざまな民族やさまざまな言語と同様、さまざまな宗教が共存していました。

宗教どうしが緊張関係に入るのは、多くの場合、政治や経済の問題が集団間に対立を生み、それぞれの集団のアイデンティティとして宗教が持ち出されたときです。

　こういう事態は伝統社会よりもむしろ現代にこそ起こりやすいと言えます。というのは、今の時代は民族や言語や宗教を異にするさまざまな集団が、政治や経済の福利を求めて厳しい競争関係にあるからです。

　インドにおけるヒンドゥー教徒とイスラム教徒の対立、東南アジアにおける仏教徒とイスラム教徒の対立、パレスチナにおけるユダヤ教徒とイスラム教徒の対立、イスラム圏内の各地におけるシーア派とスンナ派の対立等々、世界中の宗教対立の背後には、常に政治的・経済的な利害の問題があります。

　いったん対立に火がついたとき、慈悲や平和を説く宗教家もしばしば事態の収拾ではなく反目の焚きつけに励みがちです（同様のことは、日中韓のナショナリズム的な対立についても言えます。どういう理由によってか始まった対立を、文化の力ではなかなか収拾がつけられないのです）。

というわけで、宗教紛争の問題を理解するためには、政治や経済の問題、民族や言語の問題を併せて理解するための知識もまた必要だということになります。宗教の侮れない点は、利害対立の当事者となるばかりでなく、そうした状況を天の視点から俯瞰する目を養う働きをもつという二重性をもっているところにあります。

紛争の巷で対立を超越した活動を続けている人々の中には、宗教的背景が冷静な現実認識を生んでいる場合が多々見受けられます。アフガニスタンでテロの犠牲となったペシャワール会の医師、中村哲の場合もそうでしょう。クリスチャンですが宗教を超えた視点で地道な医療や灌漑などの活動をされた方です。また、『サピエンス全史』や『ホモ・デウス』で有名なユヴァル・ノア・ハラリはテーラワーダ仏教のヴィパッサナー瞑想によって、さまざまな事態の冷静な観察の技を学んだとのことです（別に仏教徒になったわけではありません。ニューエイジ時代のクリスチャンやユダヤ人にはインド的瞑想に学んだという人が少なくありません）。

日本の伝統では、同様の冷静な観察の姿勢を坐禅がもたらしてくれるかもしれません。キリスト教の修道にもヒンドゥー教のヨーガにもイスラム教の礼拝やユダヤ教の安息日にも同様の機能を見出すことは可能です。

どのような宗教も多重の層を含んでいます。集団にアイデンティティを供給することで紛争をややこしくするという層もあるし、人間の行なっていることを天界からのクールな視点で観察する「無我」的な層もあるのです。

宗教は複合的な現象だ、というのを本書の結論としたいと思います。

二〇二四年六月
中村圭志

付録・読書案内

宗教に関するガイドや啓発的な本は無数にあります。ここでは、とっつきやすいもの、信仰を相対化した斬新な視点を含むものを並べることにします。

●中村圭志『ビジュアルでわかる　はじめての〈宗教〉入門——そもそもどうして、いつからあるの？』（河出書房新社）

宗教を構成する神話的・歴史的な物語を、名画や彫刻作品を通じて面白く学べるように工夫したものです。この本は、中高生からでも読めるように書くというコンセプトのシリーズの一冊として企画されていますが、大人にも読みごたえがあるはずです。

●フィリップ・ウィルキンソン著　島田裕巳監訳『ビジュアルではじめてわかる宗教』（東京書籍）

●中村圭志日本語版監修　ジョン・ボウカー著　黒輪篤嗣訳『世界の宗教大図鑑』（河出書房新社）

これらは写真中心なので、仏像から聖地まで、お祭りから信仰の風景まで、ビジュアル体験ができます。洋書の翻訳なので、欧米人の視点から日本や東アジアを含めた世界の諸宗教がどのように見られているかが分かるのもメリットです。

●島薗進・中村圭志日本語版監修　ドーリング・キンダースリー社編　豊島実和訳『宗教学大図鑑』（三省堂）

これは比較的珍しい、宗教のロジックをフローチャートのような図解で示したコンセプチュアルな図鑑です。五大宗教を中心に、教理の要点をかなり詳しく解説しています。古代の諸宗教やマイナーな宗教、近代の新宗教も取り上げているので便利です。

●シリーズ「宗教の世界史」全12巻（現在11巻刊行）山川出版社

各宗教の歴史をまとめたシリーズです。1『宗教の誕生』、2『ヒンドゥー教の歴史』、3・4『仏教の歴史』、5『儒教の歴史』、6『道教の歴史』、7『ユダヤ教の歴史』、8・9・10『キリスト教の歴史』、11・12『イスラームの歴史』という構成になっています。

●島薗進・葛西賢太・福嶋信吉・藤原聖子編『宗教学キーワード』有斐閣

宗教と死の問題、救いや癒しの問題、宗教をめぐる差別や暴力の問題、政治やナショナリズムとの関係、カルト問題、儀礼、神話、神秘主義、アニミズム、さらに宗教の概念、心理の場、社会の場、思想の場における宗教などが扱われています。

●井上順孝編『現代宗教事典』（弘文堂）

比較的コンパクトな事典です。新宗教やカルトを含むさまざまな宗教についての学術的な解説があります。「タブー」「啓示」「ホスピス」「脱会カウンセリング」といった宗教学的項目、「柳田国男」「ダライ・ラマ14世」「ユング」といった人物や書物の紹介もあります。

●シリーズ「いま宗教に向きあう」1～4（岩波書店）

宗教学者の諸論文からなる叢書です。1は現代日本のスピリチュアリティや在日外国人の宗教などの諸相を、2は政教分離、宗教の公益性、宗教とメディアといったトピックを、3はイスラム社会から中国までの現状や電脳化など現代世界の宗教事情を、4は各国のナショナリズム、人権、宗教の社会貢献などを扱っています。

●ユヴァル・ノア・ハラリ『サピエンス全史』上下（河出書房新社）

これは知性の歴史を概観する本ですが、宗教の起源や機能に関する項目も取り上げられており、さらに宗教に似た働きをする社会や文化のさまざまな信念体系の意味を総合的に教えてくれます。宗教を相対化して眺める視点を養ってくれることでしょう。

著者プロフィール

中村圭志（なかむら・けいし）

1958年北海道小樽市生まれ。北海道大学文学部卒業、東京大学大学院人文科学研究科博士課程満期退学（宗教学・宗教史学）、宗教学者、昭和女子大学非常勤講師。著書に『教養としての宗教入門』『聖書、コーラン、仏典』『宗教図像学入門』（中公新書）、『人は「死後の世界」をどう考えてきたか』（角川書店）、『亜宗教――オカルト、スピリチュアル、疑似科学から陰謀論まで』（インターナショナル新書）他多数。

※下記はいずれもパブリックドメイン。
P55、P64、P87,P88、119、P135

先生、宗教についてゼロから教えてください

2024年7月31日　初版第1刷発行

著　者　中村圭志
発行者　角竹輝紀
発行所　株式会社マイナビ出版
〒101-0003　東京都千代田区一ツ橋2-6-3　一ツ橋ビル2F
TEL 0480-38-6872（注文専用ダイヤル）
TEL 03-3556-2731（販売部）
TEL 03-3556-2738（編集部）
E-Mail pc-books@mynavi.jp（質問用）
URL https://book.mynavi.jp/

デザイン　鈴木大輔・江﨑輝海（ソウルデザイン）
カバーイラスト　兒島衣里
DTP　富宗治
印刷・製本　中央精版印刷株式会社

　ISBN978-4-8399-8738-1

Printed in Japan

〈マイナビ新書の好評既刊〉

教養として学んでおきたい仏教

島田裕巳

多くの日本人は「宗教、とくに仏教について学んでおく必要があるのではないか」と、年齢を重ねることでそう考えるようになります。仏教が宗教の一つとしてどういった特徴を持っているのか、理解しておかなければならないことは何か、そこから解説します。他の三大宗教（キリスト教、イスラム教）との比較も行います。

教養として学んでおきたい聖書

中村圭志

「聖書」といえば名高い本なので、一度読んでみたい人は多いのですが、なかなか歯がたたないようで簡便なガイドが必要でしょう。聖書を読む際のガイドとなる、あるいは聖書自体を読まなくてもどういう書物なのかが理解できる、この二点を満足させるのが本書になります。

教養として学んでおきたい太平洋戦争

ドントテルミー
荒井

太平洋戦争。数十年前に終わった戦争について、「日本とアメリカが戦争した」という歴史的な事実すら知らない人が増えています。本書を通して押さえてほしいのは、なぜ戦争が起こったのか。そしていかに悲惨なものだったのか、という大きな視点です。戦争と平和について考えてくださる方が一人でも増えてくだされば幸いです。

〈マイナビ新書の好評既刊〉

戦争と哲学

岡本裕一朗

「戦争と哲学」というと、真逆の領域のように思えるかもしれませんが、哲学者は常に戦争について語ってきた部分があります。戦争を肯定するとか、否定するとか、そういったスタンスで論じるのではなく、なぜ哲学が戦争と関わるのか、戦争を通して哲学をどの様に見るべきなのか、といった問題を解説します。

宗教戦争で世界を読む

島田裕巳

人類は「戦争」をくり返してきました。今も、世界各地で戦争や紛争、あるいは内乱がくり広げられています。そこに「宗教」がからんでくると、事態はより複雑なものになります。宗教戦争の成り立ちから、世界中に広がっていく流れ。この世界を、社会全体を見通すために必要なことを解説します。

中国史で世界を読む

渡邉義浩

なぜ、中国史で世界が読めるのでしょうか。それは、中国史が世界の主流である西欧史とは異なる独自の展開の中で、アメリカに次ぐ世界第二位の国となった理由を探ることができるためです。中国史を知ることは、われわれ日本人の立脚点を知ることにも繋がります。中国を理解するためにも、通史で中国文明を理解しましょう。